Pour William et Monika OWENS,
afin de guider leur prochaine
visite en France.
Avec notre meilleur souvenir

Bertrand et Marie Claude
            de SAINT ANDRE

Mission Militaire Française

                — Naples, 30 Juillet 91.

# PARIS

Nathalie Mont-Servan

# PARIS

Photographies de Louis Monier

GRÜND

# TABLE

Quelques dates                                        6

Introduction                                       9

Paris la Seine                                   15

Le Vieux Paris et le Quartier Latin    25

Paris Royal                                   37

Les grands ensembles de l'Ancien Régime   49

Le Paris impérial                          61

Paris d'aujourd'hui                       71

Index                                         80

Maquette de Jean-Pierre Rosier

Première édition 1984 by Librairie Gründ, Paris
© 1984 texte : Librairie Gründ, Paris
© 1984 illustrations : Librairie Gründ, Paris

ISBN 2-7000-5157-2

Dépôt légal : mars 1984
Photocomposition : Bussière Arts Graphiques, Paris
Produit par Mandarin Offset
Imprimé et relié à Hong Kong

*Gardes : La Seine... des ponts... des maisons... la Tour Eiffel*

*Faux-titre : Place Saint-André-des-Arts (6ᵉ).*

*Titre : La Seine et le Pont-Neuf; à gauche, le quai des Grands-Augustins; à droite, le Louvre.*

*Page 4 : Une vue aérienne caractéristique des toits de Paris; à l'arrière, à droite, l'Hôtel de Ville.*

*Scène mythologique classique, typique du jardin des Tuileries.*

# Quelques dates

53 avant J.-C. Première mention écrite de *Lutetia* et de ses habitants, les *Parisii*, dans la *Guerre des Gaules* de Jules César.

306 Le nom de Paris remplace celui de Lutèce.

451 Sainte Geneviève, par ses prières, sauve la ville des Huns d'Attila et en devient la patronne.

508 Après sa victoire de Soissons, Clovis installe à Paris le siège du royaume qui, dès lors restera le centre politique de la France.

861 Invasion des Normands.

987 Hugues Capet fixe sa résidence dans le Palais de la Cité. Création de nouveaux monastères, hôpitaux et collèges.

1108 Louis VI crée l'administration parisienne, commandée par un prevôt.

1190-1210 Philippe Auguste donne à Paris l'impulsion de son essor futur : la cité royale autour du Louvre, la ville marchande à l'Hôtel de Ville et l'Université, rive gauche. Son enceinte fortifiée en marque les limites.

1163-1330 Construction de la cathédrale Notre-Dame.

1365 Début de la construction de la Bastille, d'où croissance des quartiers Saint-Antoine et Saint-Paul.

1430 Jeanne d'Arc essaie d'enlever Paris, investie dix ans auparavant, aux Anglais.

1533 Pose de la première pierre de l'Hôtel de Ville par François Ier Son orientation choisie pour la poterne du Louvre va conditionner celle du Paris moderne... jusqu'à la Défense.

1564 Construction du Palais des Tuileries par Catherine de Médicis, mère de Charles IX.

1578 Henri III pose la première pierre du Pont-Neuf, reliant la rive droite au faubourg Saint-Germain.

1594 Henri IV entre dans Paris. Il crée la place Royale, et entreprend de grands travaux dont la machine hydraulique de la Samaritaine distribuant l'eau rive droite. Sa veuve, Marie de Médicis, fait construire le palais du Luxembourg.

1629 Sous Louis XIII, création de l'Académie française et du Jardin des Plantes, du .Val de Grâce, du Palais Cardinal par Richelieu (Palais Royal).

1649 Louis XIV quitte Paris après les troubles de la Fronde. Le roi et la cour n'y séjourneront plus jusqu'à la Révolution.

1664 Mandatés par Colbert, Perrault, Mansart et Le Nôtre, entourés des plus grands artistes de l'époque, édifient et tracent monuments, jardins, ponts et arcs de triomphe.

1720 Avec la Régence et Louis XV, les constructions s'intensifient, des plaques de pierre identifient les rues. Des *folies* s'élèvent en pleine campagne comme le quartier Gaillon.

1784 Règne de Louis XVI. Début de la construction de la sixième enceinte, celle des Fermiers Généraux, destinée à protéger le fisc des fraudeurs.

1789 La Révolution vend comme «biens nationaux» les propriétés des monastères et des émigrés au bénéfice de la spéculation.

1800 Napoléon dote Paris d'une administration dirigée par le préfet de Paris et celui de la Seine.

1814-1815 Les Alliés russes, anglais et prussiens campent sur les Champs-Élysées.

1815-1829 Waterloo. Louis XVIII continue l'œuvre de ses prédécesseurs. Charles X lance l'éclairage au gaz.

1830-1848 Louis-Philippe orne la place de la Concorde de l'obélisque de Louqsor, rapatrie les cendres de Napoléon et les place aux Invalides. L'enceinte de Thiers est couverte de forts avancés.

1852-1869 Avec le soutien de Napoléon III, le baron Haussmann transforme le Vieux Paris en Ville Lumière, par la création de grandes perspectives dans tous les quartiers, la construction d'un nouvel Opéra, de parcs et jardins, de gares.

1870 Le gouvernement impérial est renversé dès la nouvelle de la capitulation de Sedan devant les troupes prussiennes : la République est proclamée. La ville soutient un siège de quatre mois au cours d'un hiver particulièrement sévère.

1871 La Commune : période néfaste aux monuments de la capitale. Les Versaillais pénétrant par l'ouest, les insurgés incendient l'Hôtel de Ville, les Tuileries, la Bibliothèque du Louvre et de nombreuses demeures privées du faubourg Saint-Germain.

1879 Le gouvernement rentre de Versailles et poursuit la reconstruction des monuments et édifices incendiés. Le Sacré-Cœur de Montmartre s'élève par souscription nationale.

1900 Inauguration du métro pour l'Exposition Universelle qui laissera des monuments et des nouveaux quartiers, notamment à l'ouest. Le pont Alexandre III, les Grand et Petit Palais témoignent de leur faste.

1913 Construction du théâtre des Champs-Élysées.

1914 Paris sauvé par les « Taxis de la Marne » réquisitionnés par le général Gallieni pour amener les renforts au combat.

1918 Bombardement par l'obusier géant, appelé « Bertha » par les Parisiens. L'Armistice est signé le 11 novembre.

1919 14 juillet, défilé de la Victoire et de la paix, de la porte Maillot à la place de la République.

1920 11 novembre, inhumation du « soldat inconnu » sous l'Arc de Triomphe.

1925 Exposition des « Arts Décoratifs ».

1931 Exposition coloniale au bois de Vincennes. Création du Musée de la France d'Outre-Mer. Aujourd'hui Musée des Arts Africains et Océaniens.

1937 Exposition internationale des « Arts et Techniques ». Le palais de Chaillot et ses fontaines remplacent le Trocadéro.

1939-1940 Deuxième Guerre mondiale. Après l'attaque allemande du 10 mai, Paris est déclarée ville ouverte le 14 juin.

1944 20 août, suspension d'armes négociée entre le général von Choltitz et le consul de Suède Raoul Nordling, avant l'entrée, le 25, de la division Leclerc, des troupes américaines et du général de Gaulle, dans l'enthousiasme populaire.

1957 La Quatrième République entreprend la construction du quartier de la Défense avec le palais du CNIT (Centre National des Industries et Techniques).

1969 Les Halles sont transférées à Rungis et leur site éventré, pour faire place au Forum des Halles.

1970 Le métro arrive à la Défense, permettant la multiplication des tours de bureaux.

1971 Le Parc des Princes, à la Porte de Saint-Cloud, amène les sports d'équipe au cœur de la capitale.

1972 Le RER met Saint-Germain-en-Laye à 30 minutes du centre de Paris.

1977 Inauguration du Centre National d'Art et Culture Georges Pompidou, dit Centre Beaubourg.
Après une administration préfectorale depuis la Commune, Paris retrouve un maire élu au suffrage universel.
Construction du centre national des sports de Paris (Bercy) dont l'achèvement est prévu pour 1984.

# Introduction

## Coule la Seine

« Sous le pont Mirabeau coule la Seine », fredonne le poète Guillaume Apollinaire qui met en vers le long déroulement de ce ruban gris, verdâtre ou chatoyant, selon le goût du jour, traversant Paris qu'elle paraît enlacer.

Le Paris d'hier et de toujours prend ses racines sous les fondations de Notre-Dame qui figure d'ailleurs sur les poteaux de signalisation routière en direction de la capitale. En effet, ce « monceau » émergeant du marais nommé *Lutetia* avant la conquête romaine se situerait dans les îles de la Seine, dont la plus importante devient rapidement la Cité, plus précisément autour de l'emplacement du square de l'Archevêché. Elle est habitée de *Parisii*, de la tribu celte des Sénons, chasseurs, pêcheurs et bateliers qui donneront très vite leur nom à la ville, se développant d'abord vers la rive gauche où la *Pax Romana* élèvera le forum et les thermes (musée de Cluny), l'enceinte et enfin les voies droites menant à Rome et aux limites de l'Empire.

*Ci-dessus : bas-relief provenant de l'église Saint-Julien-le-Pauvre, surmontant un dessus de porte encastré dans une façade de maison de la rue Galande (5ᵉ) il représente la légende de saint Julien l'Hospitalier.*

la Ville Lumière la seconde patrie de tout visiteur. En effet, seule des grandes capitales d'Europe, Paris garde son entrelacs inextricable de rues et de ruelles médiévales s'ouvrant sur les places fermées, sans vue d'ensemble. A la planification romaine se succèdent les enceintes dont celle de Philippe Auguste qui s'installe au Louvre vers 1200 : elle inspirera à Victor Hugo une vision « gothique » de la ville dans *Notre-Dame de Paris* : « Vus à vol d'oiseau, ces trois bourgs, la cité, l'université, la ville présentaient à l'œil un tricot inextricable de rues apparemment brouillées ». Aujourd'hui encore, cette notion se retrouve dans les grands axes nord-sud, de la porte Saint-Martin à la porte Saint-Jacques, de la porte Saint-Denis à la porte Saint-Michel et d'est en ouest, de la porte Saint-Honoré à la porte Saint-Antoine, rive droite, de la porte Saint-Germain à celle de Saint-Victor, rive gauche. Cette trame est le seul élément intelligible du labyrinthe qu'enferme le bel ovale parisien, environné de champs et de bourgades.

## L'urbanisation géométrique

## Notre-Dame paroisse de l'histoire de France

Aucune ville au monde n'a exercé un tel attrait pictural, écrit ou chanté, et ce depuis 2 000 ans. Hier, tableaux, esquisses gravures, aujourd'hui, photos, *vidéo* et autres cassettes, disques, films et émissions de télévision contribuent à rendre

*A gauche : le quadrilatère du cœur de Paris, pris de la tour de Notre-Dame : la Seine entre le Petit Pont et le pont Saint-Michel. A droite, l'angle de la préfecture de police; rive gauche, maisons anciennes et restaurées, à trois et quatre étages, les deux derniers en retrait.*

Les architectes et ingénieurs du *siècle des Lumières* n'auront de cesse de vouloir ordonner cette ville médiévale avec ses tourelles et ses clochers émergeant d'un entassement inouï, rompu seulement par quelques grands jardins de couvents et de palais, plus nombreux aux abords de l'enceinte. A la fin du XVIIᵉ siècle, la géométrie urbaine fait son entrée avec la place

des Victoires, circulaire, la place Vendôme, octogonale, puis, un siècle plus tard, place de l'Odéon, rive gauche, en demi-lune.

### Le tracé de François Ier : du Louvre à la Défense

Curieusement, on peut attribuer à François Ier (1533) l'orientation vers l'ouest de Paris, aboutissant à... la place de la Défense. Quand il s'est attaché à l'embellissement du Louvre, le roi a axé les travaux sur la poterne dite de Paris, fermant l'arrière, très encombré de ruelles

sombres. Ses successeurs suivront ce tracé par la construction du Palais des Tuileries par Catherine de Médicis, mère de Charles IX, l'aménagement de la place Louis XV, puis la plantation des jardins des Champs-Élysées jusqu'à l'Arc de Triomphe de l'Étoile, terminé sous Louis-Philippe en 1836.

### Haussmann : des jardins et des voies

Assuré de l'appui sans défaillance de Napoléon III, le baron Haussmann, préfet de Paris

pendant dix-sept ans, transforme le Vieux Paris en « Ville Lumière » par la création de grandes perspectives dans tous les quartiers, la construction d'un nouvel Opéra, de gares monumentales de chemins de fer et de nombreux nouveaux quartiers. Il rase l'île de la Cité pour en faire un centre administratif devant le désert du parvis de Notre-Dame, restaurée par Viollet-le-Duc. L'annexion des communes de banlieue double, en 1860, la surface de la capitale qui passe à 7 800 hectares. L'empereur, se souvenant des parcs d'agrément londoniens, lui fait aérer la ville par le remodelage du bois de Boulogne en jardin à l'anglaise, « cons-truire » celui des Buttes-Chaumont et de Mont-souris ainsi que de nombreux squares.

## Le Sacré-Cœur coiffe la butte Montmartre

Après les incendies et les déprédations de la Commune et sa féroce répression par les Versaillais, le Sacré-Cœur s'élève, par souscription nationale sur la butte Montmartre. Paris retrouve son éclat, accessible à un nombre toujours croissant de visiteurs, surtout depuis l'inauguration du métro, en 1900, au moment

de l'Exposition Universelle, dont les entrées des stations réalisées en fonte Art Nouveau deviendront plus tard des œuvres d'art recherchées par les musées.

## Les tours : de l'horizontale à la verticale

L'Art Nouveau et le style « floral » font place, après la Guerre de 1914-1918 aux superpositions géométriques lancées par l'exposition des Arts Décoratifs en 1925. Le palais de Chaillot à flanc de coteau symbolise celle des « Arts et Techniques » de 1937, où on a pu voir fonctionner les premiers postes de télévision. La Guerre de 1939-1945 et l'occupation allemande mettent

fin à toutes constructions. Celles-ci reprendront avec le palais du CNIT au rond-point de la Défense, construit en un gigantesque triangle de verre et d'acier, achevé en 1959, que surplomberont bientôt les tours, élevées ici après les protestations contre celle de Maine-Montparnasse, terminée seulement en 1974.

*Ci-dessus : toujours dans l'axe de l'Arc de Triomphe de l'Etoile, la colline descend vers la porte Maillot et Neuilly, Courbevoie et Puteaux où s'est édifié à partir de 1957, le quartier de la Défense. De forme géométrique adoucie, le triangle du palais du CNIT repose sur trois points d'appui son volume de verre, de béton et d'acier.*

*A gauche : les Champs-Elysées : une des artères les plus chantées et photographiées de la capitale, dont la perspective part du Palais du Louvre. Les commerces de luxe parisiens se rassemblent en galeries marchandes, rappelant les passages fermés du début du XIXᵉ siècle.*

# Paris la Seine

Situé sur les rives de la Seine au cœur du plus vaste ensemble de plateaux du territoire français, Paris se présente sous forme de cuvette vers laquelle convergent la Marne et l'Oise avec leurs larges vallées alluviales. La rencontre des deux premières en amont de la capitale se situe près de Charenton-le-Pont, la seconde du côté de Saint-Denis, au nord. Le fleuve, en aval, chemine en douceur à travers les îles et ses boucles vers la mer, où Rouen lui sert de port fluvial au fond de l'estuaire, desservi par Le Havre et maintenant Antifer.

Le bassin parisien s'étend sur 650 km d'ouest en est, des approches du Cotentin à l'Alsace, sur 550 km du Nord au Sud, de la plaine des Flandres aux piémonts du Massif Central. Il s'agit d'une vaste déclivité plutôt ovale que circulaire entourée de massifs anciens où s'empilent en strates les terres gréseuses, argileuses ou le plus souvent calcaires. Sur le plan géologique, les terrains les plus anciens datent de l'ère secondaire formant la périphérie du bassin, avec un fond tertiaire. Ces escarpements avancent vers la périphérie, dominant une longue dépression argileuse, en arc de cercle.

### L'Ile-de-France

L'Ile-de-France, dont Paris est le centre se compose de cinq régions agricoles comprises entre la Seine, la Marne, l'Ourcq, l'Aisne et l'Oise, formant une presqu'île. Seules les communes faisant partie du duché carolingien au IXe siècle la font figurer dans leur nom :

*Ci-dessus : sous le pont de la Concorde, les péniches à sable et à charbon voisinent avec quelques bateaux de plaisance, ancrés à l'année, aménagés en résidences originales.*

*A gauche : péniches amarrées quai des Grands-Augustins, près de la place Saint-Michel. Leur présence témoigne de l'importance de la navigation fluviale qui, de Lutèce à nos jours, n'a cessé de se développer faisant de la capitale le premier port de France.*

Roissy-en-France, étant le plus connu comme site de l'aéroport Charles-de-Gaulle.

Ces régions sont intimement liées à la vie de Paris qu'elles ont de tout temps ravitaillé puis peuplé. Enfin, les anciens « villages » touchant la capitale ont été annexés par elle sous le Second Empire, en doublant la surface qui est passée à 7 800 hectares. Aujourd'hui, la région Ile-de-France recouvre sensiblement les huit départements limitrophes d'origine, jusqu'à 200 km environ de Notre-Dame. Avec ses 16,5 millions d'habitants, elle fixe plus du tiers de la population française.

Son climat est tempéré, les vents d'Ouest sont nettement prédominants, et apportent des pluies en toutes saisons. Comme on a pu le voir récemment, la Seine et la Marne ne sont pas à l'abri des crues importantes, et ce malgré les barrages de retenue sur la Marne, entre Saint-Dizier et Vitry-le-François et sur la Seine, près de Troyes.

### Paris les îles

La Seine est la plus importante voie de communication fluviale au nord de la Loire, bien canalisée pour maintenir en toutes saisons un tirant d'eau suffisant pour son important trafic de péniches et de barges qui en fait le premier port de France.

En amont de Paris, elle reçoit l'Yonne à Montereau, la Marne entre Charenton et Maisons-Alfort, et en aval, l'Oise à Conflans-Sainte-Honorine où se trouve un pittoresque port de péniches.

Dans la capitale, les berges du fleuve ont été

canalisées par les quais — qui en périodes de crue, gênent l'évacuation des eaux et en sont quelque peu responsables. Les îles, dans ses méandres, fixent durant quelques siècles son histoire : la Cité, Lutèce des Parisii et des Romains, déjà reliée par le Petit Pont à la rive gauche et le Grand Pont à la rive droite. Le bras de la rive droite, l'île de Galilée, en agrandit le pourtour vers 1310 pour former le quai des Orfèvres. A sa pointe d'aval, l'île aux Juifs et l'île du Passeur ne s'arrimeront à la Cité qu'en 1607, devenant la place Dauphine. Enfin d'amont en aval, l'île Louviers fait partie de la rive droite depuis 1843, entre le boulevard Morland et le quai Henri IV. L'Ile Saint-Louis existe sous sa forme actuelle depuis Louis XIII.

Plus à l'Ouest, un groupe d'îlots sera comblé au xve siècle sous le nom d'île Maquerelle où Louis XIV élèvera des cygnes dont elle prendra le nom. Rattachée depuis 1773 à la rive gauche, elle court le long des quais d'Orsay et Branly, de la rue Jean-Nicot à l'avenue de Suffren.

## Lutèce : un marais

Lutèce baigne, rive droite, dans un immense marais, avec des pentes douces descendant vers la grève, permettant d'arrimer les bateaux, de préférence à la rive gauche au relief plus bahuté avec l'éperon de la montagne Sainte-Geneviève s'élevant à 70 m, apportant une ligne de fuite aux habitants lors des invasions.

Quelques buttes ou monceaux ressortent du marais tandis qu'à l'Ouest se serre une grande forêt de chênes dont nous voyons aujourd'hui des vestiges : le bois de Boulogne dans la Forêt de Rouvray, mais aussi les massifs forestiers de Chaville, Meudon, Montmorency descendant jusqu'au palais du Louvre. Les hauteurs sont celles de la ville actuelle : au Nord, Montmartre; à l'Est, Charonne, Ménilmontant, Belleville; à l'Ouest, Chaillot; au Sud, la montagne Sainte-Geneviève.

Deux parties du bassin parisien remontent à quelque 600 000/500 000 ans avant notre ère :

Chelles, en Seine-et-Marne, et Levallois, presque contemporain de l'apparition de l'homme de Néandertal. A l'inverse, le lit du fleuve est beaucoup plus large au tracé suivant sensiblement celui des grands boulevards et passant au pied des collines citées ci-dessus pour rejoindre le lit actuel du côté de la place de l'Alma. Ainsi la Grange-Batelière a-t-elle empêché longtemps le dédoublement des Galeries Lafayette et forme-t-elle un petit lac au-dessous de l'Opéra qu'elle protège de l'incendie.

Rive gauche, la Bièvre joue le même rôle. Elle forme un autre marais à l'endroit où elle rejoint la Seine à la hauteur de la gare d'Austerlitz. Là se trouve une des nombreuses « gares d'eaux » comme on a longtemps appelé les différents ports de passagers. Jusqu'à l'arrivée du chemin de fer sous le Second Empire, le coche d'eau prend deux jours et demi pour relier Auxerre à Paris, les vins et la flottaison des bois se réalisant par l'Yonne à Montereau.

## Les Parisii à Lutèce

Les traces humaines les plus anciennes survivent dans les monuments mégalithiques, avec le nom de la rue de la Pierre-Levée, de la rue de la Haute-Borne à Ménilmontant, de Pierrefitte (pierre fixée) près de Saint-Denis.

La peuplade celte des Parisii occupe trois siècles avant Jésus-Christ Lutèce, sensiblement le noyau de l'Ile-de-France, dépendant de voisins plus puissants, les Sénons, pêcheurs, poissonniers, forgerons, maçons, marchands, bateliers, maraîchers. Les routes naturelles de Rome à la Bretagne (Angleterre) passent l'une par Lyon, Reims et Boulogne, l'autre la très importante route de l'étain, par la Garonne ou la Loire. Mais Lutèce, île protégée par la Seine, offrant un relais sûr, va rapidement s'imposer. La paix revenue, elle se développe rive gauche, où sont situées les Arènes, sur le versant est de la montagne Sainte-Geneviève. Elles datent de l'an 200, un peu antérieures aux Thermes de

*La Seine vue du pont de Grenelle avec la réplique en taille réduite de la Statue de la Liberté, en éperon devant l'île des Cygnes.*

Cluny, en grande partie détruites au moment de l'invasion des Barbares en 285, pour construire un rempart encerclant Lutèce. Les gradins équarris se sont retrouvés dans les constructions de la Cité.

C'est à cette époque que Lutèce connaît un premier essor, avec la batellerie fluviale dont les nautes élèvent au temps de Tibère un autel à Jupiter et à l'empereur qui sera retrouvé sous Notre-Dame... en 1711. Les routes locales commencent à se croiser dans le bassin parisien, reliant Troyes à Rouen et l'embouchure de la Seine.

Sur la rive droite, Montmartre est le seul quartier habité. L'approvisionnement en eau est assuré par un aqueduc, commençant à Rungis et apportant les eaux du plateau jusqu'à la rue Saint-Jacques. Ainsi, comme nous le verrons au cours de cette randonnée historique à travers Paris, les mêmes lieux et les mêmes passages revenant à des moments différents mais toujours présents que ce soit dans le labyrinthe de la ville médiévale ou les grandes perspectives du XIX$^e$ siècle.

## Paris dans ses enceintes

Après la période gallo-romaine, Paris va croître à l'abri des différentes enceintes appelées à

éclater les unes après les autres. Lutèce devient la Cité et englobe sous Philippe Auguste le Louvre, la Sorbonne et le Panthéon. Charles V la dote des quartiers des Tournelles, de Saint-Paul et de la Bastille, après la révolte des Maillotins (1383). Le rempart de Louis XIII continue, rive droite jusqu'à l'Opéra actuel et la Madeleine. Enfin le mur des Fermiers Généraux, à la veille de la Révolution, parvient jusqu'au Palais de Chaillot, au pied de Montmartre, derrière la Montagne Sainte-Geneviève et la Butte-aux-Cailles (place d'Italie).

Ces enceintes successives jouent évidemment un rôle protecteur contre les invasions des Huns, des Barbares, des Normands, des Anglais pendant la guerre de Cent Ans, etc. Mais elles ont surtout un rôle économique et fiscal, les marchandises passant les poternes d'entrée dans la ville acquittant diverses taxes, souvent très impopulaires. C'est ce qui explique, en partie, l'expansion de communes comme Charenton et Bercy où se sont constitués «hors la ville» les grands dépôts de vins dont les barriques remontaient l'Yonne.

Selon les règnes, ouvert vers les provinces ou à nouveau fermé, Paris éclate sous Napoléon III quand le baron Haussmann rase des quartiers entiers, en construit de nouveaux, ouvrant toujours de grandes perspectives qui permettent d'aérer la capitale et d'y circuler.

Le canal Saint-Martin part du bassin de la Villette (19ᵉ) et rejoint la Seine à la hauteur du pont d'Austerlitz, rive droite. Son important trafic commercial se complète, à nouveau, d'une « patache eautobus », mini-péniche de cinquante-cinq passagers.

## Les communications

Le rythme des communications parisiennes a plus changé au cours du XIXᵉ siècle que depuis l'invention de la roue. En effet, le pèlerin, abat environ 20 kilomètres par jour sur le chemin de Rome ou Saint-Jacques-de-Compostelle. Le cavalier, pour sa part, atteint des moyennes horaires de 6 km/h, la diligence un peu moins. Les attelages de bœufs tirant vers la capitale les barriques de vin de Bourgogne ne dépassent pas 12 km par jour, comme en attestent les relais anciens.

Et voilà qu'en 1825 commence en Angleterre la *saga* du chemin de fer qui va changer le mode de vie et de transports du monde entier. En 1837, la reine Marie-Amélie inaugure la première ligne de voyageurs Paris-Saint-Germain-en-Laye (18 km) au départ d'une baraque en planches : la future gare Saint-Lazare, aujourd'hui la troisième plus importante du monde. Dix ans plus tard, le premier « Bureau de Ville » parisien s'ouvre à la Compagnie du Nord. Mais c'est surtout entre le Second Empire et 1875 que le réseau ferroviaire français s'installe, de la Grande Ceinture de Paris à l'Orient Express, aujourd'hui objet d'un renouveau d'intérêt avec les belles voitures des Wagons-Lits luxueusement équipées. Si le buffet de la gare de l'Est est considéré comme la meilleure table par les guides gastronomiques, le restaurant *Le Train Bleu* de la gare de Lyon est classé pour ses peintures allégoriques 1900. C'est d'ici que le TGV (train à grande vitesse) met Lyon à deux heures et demi de Paris.

## Transports en commun

Le cheval et le mulet ont longtemps été les seuls moyens de transport se frayant un chemin dans les rues étroites, encombrées, ayant pour tout écoulement un ruisseau central. L'apparition des carrosses épouvante les piétons, alors qu'en 1550, ils ne sont que trois dans la capitale. C'est à Pascal qu'on doit la première tentative de transport en commun, en 1662 : le carrosse à cinq sols. La chaise à bras et le fiacre sont du début du siècle. L'omnibus à chevaux date du XIXᵉ siècle, tandis que les relais de poste s'étalent sur des surfaces considérables, notamment rue Bonaparte, en face de Saint-Germain-des-Prés, et rue Pigalle où le bâtiment n'a été détruit qu'en 1969. Il sera suivi de tramways, du métro à partir de 1900 et du RER à La Défense en 1970.

Les petite et grande ceintures relient, entre eux, les différents quartiers et les villages de banlieue, à partir de 1875. Pour l'Exposition de 1989, il est question de la remettre complètement en service, avec de nouvelles rames entièrement automatisées.

La Seine a longtemps été le grand moyen de communication de Paris, tant pour le ravitaillement et les marchandises que pour le transport des voyageurs. Le coche d'eau de Corbeil mettait si longtemps à être halé que son nom s'est communiqué aux voitures des convois funèbres marchant au pas. Aujourd'hui, les bateaux-mouches à pont supérieur découvert permettent une visite unique dans ce cadre sans cesse mouvant des quartiers anciens et modernes. En vue de l'Exposition un système de barges à poussoir fonctionne déjà, coche d'eau nouvelle manière, pour relier les deux sites du quai de Javel à celui de Tolbiac.

## En voiture

Apparue timidement à partir de 1890, l'automobile a conquis la capitale, causant des embou-

teillages géants quotidiens à l'heure de la sortie des bureaux, et ce, malgré les voies sur berges de la Seine et le boulevard périphérique en direction des banlieues-dortoirs.

## Par air

Invention française de la fin du XVIIIe siècle, la montgolfière vient de fêter son bicentenaire. Si le survol de Paris reste interdit, ses rondeurs colorées sont familières des ciels de l'Ile-de-France.

Dans le domaine de la navigation aérienne, les inventions de Santos-Dumont sont innombrables. Il habite l'avenue des Champs-Élysées et arrime son dirigeable, la *Demoiselle*, au balcon de sa salle à manger, au début du siècle.

Le Bourget, au nord de Paris, en a été le premier aéroport. C'est là qu'atterrit Charles Lindbergh, à l'issue de sa traversée de l'Atlantique, le 21 mai 1927, acclamé par la foule parisienne venue à sa rencontre. Après la guerre de 1939-1945, Orly s'est développé dans un sens linéaire, puis à Roissy-en-France, l'aéroport Charles de Gaulle offre aux voyageurs deux pistes parallèles, dont une liaison ferroviaire rapide avec la gare du Nord et par «Concorde» met New York à trois heures de Paris. L'héliport d'Issy-les-Moulineaux jouxte le boulevard périphérique en aval du pont d'Auteuil.

*La gare du Nord : majestueux palais «fonctionnel» du Paris impérial avec son immense verrière. Elle est enclavée dans la perspective du boulevard Magenta à partir de la place de la République, dans la croisée nord-sud, une des grandes percées réalisées sous Napoléon III par le baron Haussmann.*

# Le Vieux Paris
# et
# le Quartier Latin

### Le Moyen Age

L'empire romain d'occident étant mort, lui succède une nouvelle universalité : la Chrétienté. Le pape, doté de peu de moyens temporels sera amené à rechercher un nouvel équilibre, et d'abord une alliance avec la dynastie franque. Le titre impérial est restauré en faveur de Charlemagne qui, résidant à Aix-la-Chapelle, y créera des écoles. La décadence de ses successeurs verra l'émiettement de l'Europe, avec comme conséquence la féodalité, les seigneurs ruraux aux pouvoirs étendus et le servage.

A l'inverse, l'expansion fulgurante de l'Islam qui, en un siècle, va étendre sa domination des confins de l'Inde à l'Atlantique, lui permettra de servir d'intermédiaire entre l'Extrême-Orient et l'Occident, lui apportant le papier, la xylographie (gravure sur bois) puis l'imprimerie, enfin la numération en chiffres arabes.

### Implantation de l'Église de France

451. Sainte Geneviève, par ses prières, sauve Paris des Huns d'Attila, et en devient la patronne.

571-632. Mahomet, marchand à la Mecque, prêche la soumission à Allah et à sa volonté : l'islam.

910. Fondation de l'abbaye de Cluny, en Bourgogne, dont les abbés joueront un rôle primordial dans la fondation du Quartier Latin de Paris.

*Vitraux de Notre-Dame : seules les trois grandes roses conservent, en partie, les originaux du XIIIᵉ siècle. La rose ouest de la façade, presque entièrement refaite par Viollet-le-Duc sous Napoléon III, représente les travaux des mois et les signes du zodiaque autour de la Vierge; la rose nord, la mieux conservée, les patriarches, rois de l'Ancien Testament avec, au centre la Vierge Mère; enfin la rose sud, les Vierges sages et folles, les saintes martyres, les confesseurs et les Apôtres entourant le Christ.*

*A gauche : façade de Notre-Dame derrière le Petit Pont, reliant depuis toujours la Cité à la rive gauche. Elle tire sa blancheur de sa construction en pierre de Montmartre.*

### L'île de la Cité

Dans l'île de la Cité, au VIIIᵉ siècle, Notre-Dame est plus près du petit bras de la Seine, sur une place entourée de boutiques de marchands, du palais de l'évêque, du cloître avec des maisons de chanoines et l'hôpital des pauvres, à l'origine de l'Hôtel-Dieu. Grégoire de Tours cite cinq églises; la basilique Saint-Vincent reçoit la dépouille de saint Germain dont elle prend le nom. Il reste quelques colonnettes du bâtiment original mérovingien à Saint-Germain-des-Prés, édifié selon l'antique tradition des temples grecs sur l'Acropole.

Plus près de la Seine, une église est dédiée à saint Julien. Les reliques de sainte Geneviève ont été transportées dans la basilique des Saints-Apôtres qui a pris ensuite son nom. Lors de toutes les menaces de catastrophe pour la capitale, sa châsse figurera en tête des processions. Au cours des invasions normandes de cette époque, la population des faubourgs se réfugie dans la Cité, amenant avec elle les corps des saints qui sanctifient les lieux qui les ont abrités où se construiront de nouvelles églises, d'où les mêmes noms revenant sur plusieurs sites.

Plus tard, les grands ordres religieux fixeront par la construction d'églises les points de peuplement qui sont encore la marque actuelle des villages de France.

### Au XIᵉ siècle : les moulins à eau

Au XIᵉ siècle, l'essor de l'Occident reprend,

l'agriculture bénéficie de grandes améliorations techniques, notamment l'invention du moulin à eau dont seront dotés peu à peu les ponts en dehors de Paris, notamment sur la Marne à Charenton.

Sur la rive gauche, les centres de croissance se trouvent au débouché du Petit Pont, la reliant à la Cité, dont l'emplacement n'a jamais changé dès avant la conquête romaine. Le bourg Saint-Marcel, autour de la chapelle du saint, évêque du IX$^e$ siècle, se situe entre la Salpêtrière et l'actuelle rue Descartes. Saint-Germain-des-Prés connaît déjà la célébrité; le tombeau du saint, évêque de Paris, et les miracles qu'il accomplit apportent à l'abbaye tant d'importance et de richesses qu'elle en vient à se

dérober à la juridiction épiscopale. La plupart des îles de la Seine lui appartiennent et ce jusqu'à Billancourt. Elle fera la fortune de la rive gauche et la marquera de son empreinte comme on peut le voir aujourd'hui encore d'après le nom des rues. La porte Saint-Michel se situe à l'angle actuel de la rue Monsieur-le-Prince et du boulevard Saint-Michel, le fameux « Boul'Mich' ».

## Philippe Auguste modèle le cœur de la France

C'est Philippe Auguste qui donne à la capitale l'impulsion de son essor futur, en construisant

*La Seine au chevet de Notre-Dame : une des vues les plus saisissantes et les plus reproduites par les peintres, dessinateurs et photographes, amoureux de Paris. Au premier plan le pont de l'Archevêché. La flèche, restaurée par Viollet-le-Duc, mesure 45 m, tandis que les arcs-boutants de 15 m de volée soutiennent le vaisseau.*

De la tour de Notre-Dame, une « gargouille » en forme de diable contemple le lacis inextricable de rues et de monuments de Paris chanté par Victor Hugo. Les maisons surélevées, à gauche ont été recrépies dans le blanc caractéristique du plâtre de Montmartre.

une enceinte mettant Paris, avec ses 190 000 habitants, à l'abri des Anglais. Elle englobe largement la ville habitée au centre, avec ses jardins, ses prés, ses vignobles et ses enclos en vue d'un développement futur. Elle va durer près d'un siècle et demi et chaque nouvelle enceinte viendra en agrandir le pourtour, sans pour autant le détruire, d'où le lacis de rues et de ruelles inextricable dont il reste de nombreux vestiges, aujourd'hui englobés dans les constructions successives.

Mais le roi voit loin pour la postérité. Habile et obstiné, il reprend la lutte contre les Plantagenêts anglais et gagne à Bouvines la bataille qui va asseoir la royauté française, amenant le déclin politique du Saint-Empire, la fin de la domination anglaise au nord de la Loire, enfin l'affaiblissement du pouvoir royal en Angleterre, où les barons féodaux imposent au roi Jean sans Terre, la *Magna Carta* (La Grande Charte), limitant les prérogatives royales sur eux et les hommes libres.

En France, l'administration est confiée aux baillis et aux sénéchaux, officiers du roi.

L'Université forme des juristes réputés, administrateurs et magistrats, ayant leur place à la cour. Enfin la bourgeoisie urbaine, mais surtout parisienne, se voit conférer des privilèges qui en feront un soutien actif de la royauté. Le roi divise la capitale en trois, concentrant l'admi-

nistration entre la Cité et le Louvre dont il commence la construction et auquel ses successeurs auront à cœur d'apporter des agrandissements et des embellissements au goût du jour.

Son règne marque aussi l'évolution de l'art roman, si profondément religieux, vers le gothique, le premier se caractérisant par les abbayes de Cluny, Vézelay, Autun entre autres. De même, assistons-nous au développement de la chevalerie en tant que morale et mode de vie, avec, en corollaire, la naissance de l'amour courtois dont les troubadours vont se faire les chantres, tandis que le roman chevaleresque succède aux chansons de geste.

La Cité est alors un vaste chantier entre le Palais Royal et Notre-Dame. L'île est desservie par une trentaine de rues étroites, boueuses, malodorantes, lavées seulement par les inondations. Les odeurs sont telles que le roi ordonne au prévôt des marchands de faire paver les rues les plus proches du Louvre. Quelques-unes de ces pierres se trouvent dans le jardin du musée de Cluny où sont rassemblées les collections du Moyen Age, parmi les plus riches de la capitale.

## Les nautes et les ponts

La ville marchande restera rive droite, autour de l'Hôtel de Ville. En effet, Paris tient sa

*Vitraux de la Sainte-Chapelle. Bâtie par Saint-Louis pour déposer les reliques de la Passion, elle a été édifiée d'un seul jet. Ses voûtes sur croisée d'ogives apportent une extraordinaire luminosité et une remarquable légèreté à l'ensemble. Des concerts de musique sacrée y sont suivis avec ferveur.*

*A droite : la Tour Saint-Jacques, clocher de l'église Saint-Jacques-de-la-Boucherie, au début de la rue de Rivoli, est un des très anciens sites de Paris. Construite dans un style gothique flamboyant, elle a été complètement restaurée sous le Second Empire.*

repartaient entre les ponts de Mantes et ceux de Paris ». Ainsi ces marchands bien organisés calqueront-ils sur la leur l'administration municipale qui leur sera bientôt confiée.

Les ponts sont *en bois* au nombre de deux, avant la guerre des Gaules. Le chef gaulois Calumogène les fait détruire pour défendre Lutèce et arrêter les légions de Labienus, lieutenant de César. Le Grand Pont enjambe le bras nord de la Cité dont on ne peut situer, avec exactitude l'emplacement, soit celui du Pont-au-Change, soit celui du Pont Notre-Dame, le Petit Pont reliant l'île à la rive gauche, et par-delà la Cité aux voies romaines allant vers Lyon et Orléans, puis dessert les abbayes de Saint-Victor, de Saint-Germain-des-Prés et les grands collèges.

Ces ponts, comme ceux bâtis par la suite, du XII$^e$ jusqu'au début du XVIII$^e$ siècle, sont couverts de maisons de bois, comme l'est encore aujourd'hui le Ponte Vecchio de Florence où se serrent les échoppes d'orfèvres. Les incendies sont alors fréquents.

## Les maîtres et les écoliers du Quartier Latin

Mais la création la plus importante de Philippe Auguste s'inscrit dans le domaine de l'esprit. Il regroupe, « outre-Petit Pont », rive gauche, les quelque 12 000 écoliers des différentes paroisses et leurs maîtres, l'Église étant maîtresse de l'enseignement sous l'égide de l'évêque. Le pape en donne les directives, chaque abbaye, prieuré ou paroisse professe en latin, d'où le nom que prendra ce nouveau quartier. On y apprend à lire, écrire et compter, ainsi que le catéchisme et le chant. Ces établissements deviendront les « petites écoles ». En effet, le latin reste la langue écrite courante dans toute l'Europe jusqu'à relativement tard, remplacé par le français sur le plan diplomatique et culturel. A l'époque qui nous intéresse, les abbayes sont bénédictines et les moines dispensent l'enseignement.

L'École du cloître Notre-Dame, véritable petite ville culturelle tient une place à part comme berceau de l'université. Elle traite à un niveau plus élevé les sept sciences alors connues, reçoit un fils du roi, les neveux des cardinaux, voire du pape, attirés par la célébrité des maîtres : Abélard, Guillaume de Champeaux, Maurice de Sully, bâtisseur de Notre-Dame, entre autres.

Maîtres et élèves sont clercs et tonsurés. Ils vont d'abord se regrouper autour de l'église Saint-Julien-le-Pauvre, sur le site d'un des plus importants carrefours de la capitale, où, dès le VI$^e$ siècle s'élève une chapelle dédiée à saint Julien l'Hospitalier (dit le Pauvre) comportant un hospice destiné aux pèlerins et aux voyageurs qui, à pied, sillonnent l'Europe. Victime de l'invasion des Normands, l'église est reconstruite au XII$^e$ siècle par les Bénédictins du prieuré de Longpont, dans un style annonçant

richesse de ses ports sur la Seine, les commerçants et bateliers s'étant installés là, les pentes douces leur permettant d'arrimer facilement leurs bateaux. Chaque corporation est dotée d'un port attitré, le port au blé se trouvant près de ce qui deviendra la place de Grève. Le port aux tuiles est proche de l'Hôtel-Dieu, les pierres et les marbres, plus rares s'entreposant plus à l'ouest. Le port au foin se rapproche du futur Pont-Neuf, jouant un rôle très important pour le fourrage des innombrables bestiaux servant à nourrir et à transporter la population parisienne, toujours croissante. La corporation des nautes, puissante depuis Lutèce, se voit reconnaître, outre la vente de l'eau, « le monopole du transport des marchandises qui arrivaient et

*Les tours coiffées de toits en poivrières de la Conciergerie demeurent un symbole puissant du Palais Royal médiéval, vers 1300. Elles ont été refaites au XIXe siècle avec le Palais de Justice. Sous la Terreur, l'arcade de droite marque l'entrée de la prison d'où Marie-Antoinette partira pour l'échafaud.*

le gothique. Elle est aujourd'hui la plus ancienne de Paris, et dans le square qui la longe, on peut voir un faux acacia, réputé pour être l'ancêtre des arbres de la capitale, planté en 1601. Les cours y ont été dispensés en plein air, rue du Fouarre et place Maubert, le maître sur une estrade, les élèves assis par terre ou sur des bottes de paille. Saint Thomas d'Aquin, Dante, Pétrarque y sont venus prier, comme plus tard Rabelais et Villon. C'est ici qu'on élit le recteur de l'Université. Dès le XIIe siècle, la vie intellectuelle de l'Europe se concentre à Paris, avec des maîtres et des étudiants venus de partout, attestant de son rayonnement théologique, philosophique, voire politique. En 1253, Robert de Sorbon, chapelain de Saint-Louis crée... la Sorbonne.

La fondation de l'Université se complète par des collèges, au début auberges d'étudiants, leur assurant le gîte et le couvert. Le plus ancien est fondé en 1180 par un Anglais, Josse de Londres. Plus tard, toutes les abbayes auront des collèges avec leurs chapelles — dont certains peuvent se visiter aujourd'hui — dans le périmètre entre l'abbaye Saint-Victor (faculté de Jussieu) et la

place du Panthéon. Parmi les plus célèbres, Sainte-Barbe a eu comme élèves Ignace de Loyola et François-Xavier, fondateurs de l'ordre des Jésuites. Cette agglomération culturelle se développe sur la montagne Sainte-Geneviève, Saint-Etienne-du-Mont en devenant l'église principale au XVe siècle.

## Saint-Louis et la Sainte-Chapelle

Saint-Louis, petit-fils de Philippe Auguste, va illuminer la vie spirituelle et quotidienne de Paris, avec l'accroissement de la puissance et du prestige de la royauté. La justice royale se renforce, qu'il dispense lui-même, sous un chêne du bois de Vincennes où il aime vivre et chasser.

Sa grande œuvre est la construction de la Sainte-Chapelle, bâtie pour y déposer les reliques de la Passion : une partie de la Croix, la Lance, l'Éponge et la Couronne d'Epines qu'il achète à l'empereur Baudouin de Constantinople. Son édification sera rapide et d'un seul jet, dans le nouveau style gothique aux voûtes en

croisée d'ogives soutenues par des arcs-boutants, apportant une luminosité et une légèreté remarquables, tout en agrandissant les proportions. Sa beauté influence l'architecture de l'Ile-de-France dont les villes et les villages se rassembleront autour d'églises inspirées par elle, notamment dans l'Oise.

Ces techniques vont trouver leur épanouissement au XII<sup>e</sup> siècle avec les statues-colonnes remplacées par des figures plus souples. Il s'agit d'un art citadin, à l'inverse du roman rural, qui va amener une émulation enthousiaste entre les villes.

## La Cour du Roi

Le pouvoir royal solidement établi, Philippe le Bel entreprend, vers 1300, les travaux d'embellissement du Palais Royal, toujours à la Cité. Il ajoute une aile au Petit Palais comprenant les célèbres salles *gothiques*, prolongées plus tard par la Conciergerie. S'y installe la *Cour du Roi*, au début conseil de la royauté qui, dès 1250, tient des séances judiciaires et va devenir le parlement. Désormais les décisions importantes du royaume se prennent à Paris.

*Ci-dessus : la Tour de l'Horloge : sur le côté droit de la façade du Palais se trouve la première horloge publique de Paris, réalisée sous Charles V et restaurée sous Henri III, dans un style polychrome, sur fond d'azur fleurdelysé. Elle est surmontée du monogramme du roi et encadrée de sculptures symboliques.*

*Les éventaires des bouquinistes des quais de la Seine proposent livres et gravures, neufs ou anciens. A l'origine, ces marchands y vendaient les objets repêchés dans les eaux du fleuve.*

La vie quotidienne dans la capitale, au XIIIe siècle, se distingue par la multiplicité des métiers, chacun régi par un régime corporatif bien structuré, avec une main-d'œuvre experte qui a permis l'éclosion de tous les arts, soutenus par le mécénat royal et seigneurial. Le gothique en architecture trouve son corollaire en sculpture, voire en peinture, avec des ateliers d'enluminure de si grande qualité que Dante les cite dans ses écrits. L'exemple le plus parfait parvenu jusqu'à nous, *Les Très Riches Heures du duc de Berry*, réalisées pour ce prince mécène par des peintres en vue du XVe siècle, sont illustrées de savoureux « tableautins » retraçant les activités de petits et grands. C'est un des joyaux du musée de Chantilly (Oise).

La bourgeoisie financière et marchande encourage aussi les arts et le commerce. Paris se trouve au centre des routes venant du nord de l'Europe et de la Basse-Normandie, dont les marchands lui apportent les draps flamands et les velours propres à confectionner ces « grandes robes » chantées par François Villon. C'est le moment de l'expansion des foires au croisement des routes, notamment en Champagne (Provins, entre autres).

## Les villes en flèche

Cette époque est celle de la croissance des villes, due à la paix, aux progrès du commerce et de l'artisanat, se traduisant par la fusion des cités gallo-romaines et des bourgs marchands. Elles vont s'émanciper vis-à-vis des seigneurs grâce à la protection royale, les familles les plus riches et les plus influentes gérant les associations de marchands, les guildes et les hanses, avant de participer à l'administration des villes comme Paris.

Les financiers, Juifs ou Lombards, voient les brimades se multiplier dès que le roi a des problèmes financiers. Les premiers seront persécutés, voire expulsés. Philippe le Bel en appellera au peuple pour confisquer les immenses biens et propriétés des Templiers, formant une ville, rive droite, avec ses enceintes dans le Marais.

*La brasserie Lipp, à Saint-Germain-des-Prés, attire toujours les visiteurs et les habitués du Quartier Latin, célèbre dès le XIIe siècle. Lieu de rencontres d'hommes politiques, de journalistes et d'écrivains, autour d'une table où dominent le hareng de la Baltique et la choucroute.*

*A gauche : l'enfilade de la rue de Rennes, à partir de la Tour Montparnasse, un des points culminants de la capitale, déroule son ruban noir jusqu'à Saint-Germain-des-Prés. Derrière son clocher se profile le dôme de l'Institut vis-à-vis le Louvre, puis, au fond, Saint-Eustache découvert par le trou des Halles, les magasins de la Samaritaine; l'église Saint-Sulpice.*

La Sorbonne : fondée par Robert de Sorbon, chapelain de Saint Louis, puis protégée par Richelieu, elle a été reconstruite en 1627. Son église, de la même époque, marque l'avènement des coupoles dans le ciel parisien au XVII<sup>e</sup> siècle.

A droite : rue Mouffetard (5<sup>e</sup>) : un des marchés les plus pittoresques de Paris dont certaines maisons datent du XVI<sup>e</sup> siècle. Avec la rue de Buci (6<sup>e</sup>), c'est ici qu'on trouve les meilleurs exemples d'architecture populaire de l'époque, autour de l'église Saint-Médard.

## La Bastille et Vincennes

Déjà au cours des troubles annonciateurs de la guerre de Cent Ans qui ruinera le pays et anéantira plus du tiers de la population, le roi a senti le manque de sécurité dans la Cité. Aussi Charles V va-t-il construire à l'autre bout de Paris les quartiers Saint-Antoine et Saint-Paul et se bâtir un immense palais à Vincennes. Il élargit l'enceinte de Philippe Auguste, rive droite, dont il a fallu, à plusieurs reprises, agrandir ou démolir les faubourgs. On creuse un fossé rempli d'eau dont les déblais forment un parapet, protégé de murs et de tours carrées, avec un fossé vers la campagne.

Rive gauche, on reconstruit le Petit Châtelet. Les portes sont remontées en avant des anciennes, la ville s'agrandissant de quatre cent trente-neuf hectares en seize quartiers.

Grand bâtisseur, Charles V entreprend le développement de la rive droite, plus sûre que la Cité dont il a dû s'enfuir au cours de la révolte organisée par Etienne Marcel, prévôt des marchands. On lui doit le couvent des Célestins et le pont Saint-Michel.

Du Louvre il fait sa résidence, à l'abri d'une citadelle. En 1368, il y installe sa « librairie » ancêtre de la Bibliothèque nationale, des salles d'apparat, ses collections, ses bains et y fait construire un superbe escalier.

# Paris Royal

## Temps de crise

Après la prospérité et la croissance harmonieuse en Europe du XIIIe siècle, les XIVe et XVe vont voir s'ouvrir des crises, la guerre de Cent Ans entraînant le ravage des campagnes, d'où famines et épidémies de peste qui vont réduire d'un tiers la population française et causer aussi des mouvements sociaux dans les villages comme dans les villes. La crise à l'intérieur de l'Église aura des répercussions à tous les niveaux. L'addition de tous ces fléaux réduit l'avance de la France par rapport à ses voisins.

L'Empire se redresse lentement. La France assaillie par les Anglais, les Armagnacs et les Bourguignons, ces derniers en somptueuse expansion, se rétrécit en « pré carré » que va défendre Jeanne d'Arc et son armée populaire. Elle fera sacrer à Reims le dauphin Charles VII, avant la reconquête du royaume.

1450 environ. Invention de l'imprimerie par Johannes Gutenberg de Mayence, s'inspirant en partie du pressoir à vin. Le premier livre imprimé : la Bible, pénètre en France en 1470.

## Christophe Colomb découvre l'Amérique

Ce mouvement s'accentue avec le progrès de la géographie et des techniques de navigation, dont l'amélioration de la boussole rapportée de Chine par le Vénitien Marco Polo et la création des caravelles.

1492. Christophe Colomb découvre l'Amérique.

*Ci-dessus : la statue de Jeanne d'Arc en bronze doré, place des Pyramides (1er), célèbre l'héroïne qui a tenté de reprendre Paris aux Anglais pendant la guerre de Cent Ans. Sa fête, le 8 mai, donne lieu à des manifestations religieuses et patriotiques.*

*A gauche : le château de Vincennes : construit sous sa forme actuelle par Charles V, il forme un immense rectangle de 320 m de long sur 178 m de large, clos d'une vaste muraille et d'un fossé continu. Le donjon domine le front ouest de sa masse puissante.*

Le navigateur génois au service d'Isabelle de Castille pense avoir trouvé la route de l'Inde et de ses fabuleuses richesses. Il débarque à Guanahani (San Salvador). Le nouveau continent est baptisé Amérique d'après le nom du navigateur Americo Vespucci en 1507.

## 1534. Jacques Cartier au Canada

Les grandes découvertes donnent à l'Europe les dimensions du monde. Le fait d'explorateurs espagnols ou portugais, elles vont apporter à la péninsule ibérique un rayonnement et une puissance en proportion au fabuleux apport, de 1500 à 1650, de métaux précieux, soit quelque 200 000 kg d'or et 17 millions de kg d'argent, puissant stimulant économique dont toute l'Europe va bénéficier.

Dans les arts, la Renaissance italienne domine, et les meilleurs peintres, sculpteurs orfèvres sont appelés en France par François Ier.

## Louis XI aux Tournelles

La rive droite de la Seine d'abord laissée aux marchands et aux bateliers, prend corps avec l'assèchement progressif des marais. Au moment des troubles annonçant la guerre de Cent Ans, Charles V crée les quartiers de Saint-Paul et de Saint-Antoine, protégés par la Bastille dont le pavage de la place actuelle fait ressortir le pourtour. La Seine comporte alors un

*Gros plan de la statue d'Henri IV, face à la place Dauphine et au Palais de Justice. Roi populaire, il est l'instigateur de la poule au pot pour tous le dimanche.*

deuxième bras en arc de cercle, entre l'emplacement à notre époque des boulevards Beaumarchais et du Temple et le Pont de l'Alma : c'est cet énorme marécage qui va constituer le quartier du Marais.

La Maison royale des Tournelles a pris son nom des nombreuses tours dont elle est flanquée. Ses dépendances et ses jardins s'étalent entre le boulevard et nos rues Saint-Antoine, Saint-Claude et de Turenne. Conçue comme l'Hôtel Saint-Pol, elle comprend plusieurs résidences, des chapelles, des étuves, des communs réunis par douze galeries de cloîtres et des préaux formant deux parcs, six jardins, des petits bois, des ménageries, un labyrinthe et des prés, d'où le nom actuel de la rue du Foin et de la rue

Beautreillis en souvenir d'une vigne royale. Louis XI y a vécu, Louis XII y est mort, ainsi qu'Henri II, blessé à la tête lors d'un tournoi donné au cours du mariage de sa sœur Marguerite avec le duc Philibert-Emmanuel de Savoie. Sa veuve, la reine Catherine de Médicis, quitte cette résidence pour le Louvre et ordonne sa démolition en 1563.

## Saint-Germain-l'Auxerrois, paroisse des rois

Saint-Germain-l'Auxerrois, église dédiée à l'évêque d'Auxerre, père spirituel de sainte Geneviève, reconstruite trois fois, va prendre une

importance considérable quand elle devient la paroisse des rois. On peut y voir aujourd'hui des vestiges de roman, le chœur et le portail sont gothiques. Le porche, la nef et le transept flamboyants. A la Sorbonne, en 1472, se fonde, rue Saint-Jacques, la première imprimerie parisienne.

## Fêtes et réjouissances populaires

Les fêtes et réjouissances populaires comme les manifestations sportives font partie de la vie quotidienne au Moyen Age, avec des tournois ouverts à toute la population. Le carrousel, spectacle équestre, plus pacifique et en même temps plus aristocratique tendra à les remplacer après la mort d'Henri II. Le jeu de paume est d'abord joué à la main, puis à partir du XVe siècle avec une raquette. C'est là disent les spécialistes, le vrai tennis, en plein air, sans filet.

## Le bon plaisir de François Ier

Pendant la guerre de Cent Ans et après, Paris se trouve délaissé par les rois qui habitent plus volontiers Vincennes et la vallée de la Loire. François Ier va renforcer les liens de la monarchie et de la capitale, gouvernant selon son bon plaisir, malgré les difficultés finan-

*L'Hôtel des Archevêques de Sens dresse ses tourelles, coiffées de toits en poivrières, rue du Figuier (4e) : un des plus anciens de la capitale, construit à la fin du XVe siècle, dans un style gothique flamboyant et Renaissance, à façade ogivale flanquée d'une petite porte. Aujourd'hui bibliothèque Forney dépendant de la Ville de Paris.*

*Pages suivantes : l'Institut vu du quai du Louvre avec la passerelle du pont des Arts, forme une des plus belles vues de la capitale. Il s'agit du collège des Quatre-Nations, construit à la fin du XVIIe siècle selon les volontés du cardinal Mazarin autrefois enterré sous sa coupole.*

cières. Il fonde le Collège Royal pour l'étude gratuite et publique du latin, du grec et de l'hébreu qui deviendra le Collège de France. Le pont Notre-Dame, reliant la Cité à la rive droite, s'écroule en 1499, avec les soixante-cinq maisons qu'il comporte. Il faudra dix ans pour le reconstruire, à six arches égales, portant soixante-huit maisons, protégé aux quatre angles de tourelles égales, et désignées par des numéros. Elles sont en briques avec chaînage en pierres de taille et pignon sur rue, avec un rez-de-chaussée en arcade devant des boutiques. La rue de la Cité sur laquelle il débouche n'est plus à l'échelle. Il faut donc la surélever et la reconstruire, avec des maisons symétriques de même hauteur.

Après la défaite de François Ier à Pavie et sa captivité à Madrid, il va s'entendre avec la bourgeoisie parisienne, qui a largement contribué au paiement de sa rançon, en s'installant dans la capitale. En 1519, il achète une propriété faubourg Saint-Honoré pour sa mère Louise de Savoie, où s'élevaient des tuileries et entreprend d'aménager le Louvre.

En 1528, on abat le donjon et on ferme l'entrée

principale donnant sur la Seine. Le chemin qui la longe est remplacé par un quai de quarante mètres, allant des abords du Châtelet à l'enceinte et reliant directement le Louvre au Palais. Au-delà du rempart, le chemin se prolonge vers Boulogne où le roi fait construire la nouvelle résidence de Madrid. On ouvre la Porte neuve, débouchant sur l'emplacement de l'actuel pont Royal. On transfère l'entrée principale sur la façade est, vers Saint-Germain-l'Auxerrois et le Roi ordonne de percer dans cette direction la rue d'Autriche.

D'après le plan de Lescot en 1546, le Louvre comporte une résidence double, fermée à l'Est du château initial remis à neuf, à l'Ouest d'une résidence à aménager aux Tuileries, une série de galeries couvertes doit les relier avec un jardin à l'Ouest des Tuileries. Le projet sera continué pendant trois siècles, terminé par Napoléon III, pour être en partie détruit par la Commune.

En même temps, il donne son impulsion au style classique qui va éclore avec le développement des nouveaux quartiers.

## Le Pont-Neuf

Le faubourg Saint-Germain devient bientôt très important, bordé de beaux hôtels. Les habitants réclament un nouveau pont dont Henri III pose la première pierre en 1578 : le Pont-Neuf. De la même époque, le palais abbatial de Saint-Germain-des-Prés dont la façade de briques avec un chaînage en pierre contraste avec des toits d'ardoise.

Les guerres de Religion vont retarder la croissance de Paris. En 1603, Henri IV traverse le Pont-Neuf à cheval. A la seconde arche, le roi fait aménager une pompe pour amener l'eau au Louvre et aux Tuileries. Ce château d'eau comporte un pavillon orné d'un bas-relief où la Samaritaine verse au Christ l'eau d'une petite cascade. Ce sera, avec son horloge à automates, dans ce quartier populaire où les baladins montent leurs tréteaux, une des curiosités parisiennes. Le Pont-Neuf relie directement pour la première fois, les deux rives de la Seine. Au milieu il s'appuie à la proue de la Cité alors agrandie des petits îlots formant la place Dauphine.

## La place Royale

Rive droite, la grande œuvre d'Henri IV est la place Royale, sur le site des Tournelles. Aimant joindre l'utile à l'agréable, il a voulu y établir les nouvelles manufactures de soie tout en offrant une promenade aux habitants de Paris, qui viennent admirer les maisons en pierres de taille et briques, à galeries en arcades et boutiques. Elle sera inaugurée lors des fêtes du mariage de Louis XIII et d'Anne d'Autriche. Elle est devenue place des Vosges, sous la Révolution.

Sur l'emplacement de l'ancien marais naît tout un quartier à la mode, très vite habité par

l'aristocratie, en de beaux hôtels à portails. S'élève ainsi et s'embellit l'hôtel de Sully, dû à Jean Androuet du Cerceau, dans la rue Saint-Antoine actuelle. L'hôtel Carnavalet, œuvre de Pierre Lescot et de Jean Goujon, est une merveille de style Renaissance classique, où a habité Madame de Sévigné au XVIIe siècle. Devenu Musée historique de la Ville de Paris, cet hôtel abrite des collections d'iconographie, des vues de Paris du XVIe siècle à nos jours, enfin de magnifiques costumes.

Rue du Figuier, à l'angle de la rue de la Fauconnerie (4e), se dresse l'extraordinaire hôtel des Archevêques de Sens, datant de 1475, construction de style gothique flamboyant, remanié au XVIIe siècle et remarquablement restauré, la bibliothèque Forney y est aujourd'hui installée. On peut visiter près des Archives, dans l'ancien hôtel Guénégaud, la Maison de la Chasse et de la Nature.

Après l'assassinat d'Henri IV en 1610, sa veuve Marie de Médicis se fait construire le palais du Luxembourg décoré de tableaux célèbres commandés à Rubens, aujourd'hui au Louvre. Toujours rive gauche, Jean Hérouard, botaniste et premier médecin de Louis XIII, préconise la création à Paris d'un jardin royal des herbes médicinales. Aujourd'hui, le Jardin des Plantes possède près de 15 000 espèces de plantes, une bibliothèque de 250 000 volumes et des essences d'arbres rarissimes.

## L'Ile Saint-Louis

Parmi les grands travaux projetés par Henri IV, figure la création d'un beau quartier composé de deux îlots, en amont de la place de Grève : l'île aux Vaches et l'île Notre-Dame, pâturages à l'ombre des saules. Louis XIII, son fils, et Marie de Médicis le réaliseront avec bonheur, sur un plan de lotissement en damier. Les travaux vont durer trente ans et dès le début, l'île Notre-Dame (elle prendra son nom actuel au début du XVIIIe siècle) devient un prolongement du Marais par la beauté et le luxe de ses hôtels édifiés loin du brouhaha parisien, par Louis et François Le Vau pour les magistrats importants et les grands financiers. Tout son décor reste inchangé et on se promène, hors du temps, dans un charmant quartier du XVIIe siècle.

## Le Palais Cardinal

Le cardinal de Richelieu, devenu ministre de Louis XIII en 1624, se fait construire à proximité du Louvre un hôtel par l'architecte Lemercier, entre nos rues de Valois et de Richelieu qu'il fait agrandir à partir des terrains voisins de l'enceinte remblayée de Charles V. Ainsi le Palais Cardinal devient-il un ensemble très important, avec un grand jardin donnant sur les actuelles rues de Richelieu, des Petits-Champs, des Bons-Enfants et Saint-Honoré.

En 1635, Richelieu fonde l'Académie française

Ci-contre : détails de colonnes, ornements et terrasses aux balustrades agrémentées de vases ornementaux repris sur les 60 pavillons s'ouvrant sur les jardins à pelouses et plans d'eau.

Ci-dessous : le Palais-Royal a été construit pour le cardinal de Richelieu, ministre de Louis XIII, à proximité du Louvre. Après un incendie en 1763, le palais prend ses proportions actuelles, avec de nombreuses maisons de jeux au-dessus des boutiques en arcade, réputées dans toute l'Europe.

spécialement chargée de la composition du *Dictionnaire de la langue française*. Elle comprend aujourd'hui quarante membres élus à vie, les *Immortels*, et ses séances d'intronisation de nouveaux membres, sous la coupole de l'ancienne église construite pour recevoir la dépouille du cardinal Mazarin, en vis-à-vis le Palais du Louvre, sont des événements parisiens et littéraires des plus courus.

Richelieu le lègue à Louis XIII, et sa veuve, Anne d'Autriche, viendra y vivre avec ses deux fils en 1643 et c'est alors qu'il change de dénomination en devenant le Palais Royal. C'est d'ici qu'au moment de la Fronde en janvier 1650, la famille royale est obligée de partir brusquement pour Saint-Germain-en-Laye. Les troubles terminés, la reine préfère s'installer à l'abri des fossés du Louvre, mieux protégé. Le Palais Royal passe ensuite aux Orléans. Monsieur, frère du Roi, le restaure, l'embellit, y donne de très belles fêtes et en ouvre le jardin au public. Il sera modifié considérablement par ses descendants. Ce sera une des promenades favorites des Parisiens jusque sous l'Empire. Les hôtels somptueux se multiplient autour du

Louvre comme les jardins servant de promenades. Rive droite, le plus célèbre est le Cours-la-Reine dessiné pour Marie de Médicis à la nouvelle porte de la Conférence, rattachant à Paris, les villages de Chaillot, du Bas-Roule et de la Ville-l'Évêque, plantée de quatre rangées d'ormes, bordée de fossés et fermée d'une grille à chaque bout. C'est l'ancêtre de nos Champs-Élysées.

## Anne d'Autriche et les grands monastères

La contre-Réforme se caractérise par la fondation de nouveaux ordres religieux, monastères et couvents et à la réforme des anciens ainsi que par la création de séminaires. Saint-Nicolas-du-Chardonnet date de 1612, Saint-Sulpice de 1645. Les Cisterciennes de Port-Royal émigrent rive gauche en 1625. Ce sera là un des hauts lieux du jansénisme qui va jouer un rôle considérable dans la pensée française du XVII<sup>e</sup> siècle. La chapelle et quelques pavillons de cette abbaye subsistent toujours dans l'actuelle maternité Baudelocque. Les carmes déchaussés s'installent rue de Vaugirard où Marie de Médicis, pose la première pierre de leur église surmontée d'un dôme sur la croisée des nefs : une première dans le ciel parisien.
Mais la grande œuvre d'Anne d'Autriche se retrouve dans l'abbaye bénédictine du Val-de-Grâce. La reine, après la naissance de Louis XIV, va transformer le monastère qui ne va

cesser de se développer jusqu'à la Révolution. Les bâtiments conventuels deviennent en 1795 un hôpital militaire.

## Mazarin et la Bibliothèque nationale

Une fois la Fronde matée le cardinal Mazarin s'installe près du Palais Royal, à l'hôtel Tubeuf, où s'élèvera une partie de l'actuelle Bibliothèque nationale qui contient quelque 6 millions de volumes imprimés, autant d'estampes, 136 000 manuscrits et près de 400 000 médailles et monnaies.
Mort en 1661, le cardinal laisse une fortune considérable dont un legs pour l'édification à Paris d'un ensemble comportant un collège, un manège et une bibliothèque ouverte au public deux fois par semaine. Cet ensemble, l'actuelle Bibliothèque Mazarine et l'Institut, est construit par Le Vau, sur l'emplacement de la porte et de la Tour de Nesle : le collège en demi-lune avec la chapelle où Mazarin a voulu être enterré, flanquée de la bibliothèque et du manège.

# Les grands ensembles de l'Ancien Régime

En 1661, quand Louis XIV prend le pouvoir, l'Europe est en proie aux conflits politiques sociaux, en France comme aux Pays-Bas et en Angleterre. La guerre de Trente Ans affaiblit définitivement les États allemands, marquant la fin de l'hégémonie des Habsbourg que Louis XIV va réussir à supplanter.

L'art baroque et ses formes tourmentées sont le reflet d'un goût du terrestre exacerbé qui va devenir un courant européen, à l'exception des maîtres de la peinture hollandaise et française. En France le « Roi Soleil » fait triompher le classicisme, tout comme Descartes et Pascal modèlent la pensée du temps.

## Louis XIV à Versailles

Les souvenirs humiliants de la Fronde font choisir au roi une résidence loin de la turbulence parisienne. Du pavillon de chasse de Versailles, il va faire le plus extraordinaire des palais, imité par l'Europe entière. Le Vau, Mansart et Hardouin-Mansart seront ses architectes, Colbert le surintendant des Bâtiments.

Paris n'est pas oublié pour autant. Le lieutenant de police, Nicolas de la Reynie est chargé d'en assurer la sûreté, la propreté et la clarté. Il impose une règle pour les enseignes et règlemente les gazetiers, nouvellistes et libellistes. En effet, les affiches apparaissent au début du siècle. En 1631, Théophraste Renaudot publie le premier journal, *la Gazette de France*, qui

*Ci-dessus : statue équestre de Louis XIV, place des Victoires. D'une ordonnance circulaire, en pierre de taille blanche, cette place est construite sur les dessins de J.H. Mansart. Les façades des hôtels sont uniformes, à deux étages sur de grandes arcades en plein cintre à mascarons, agrémentés de pilastres.*

*A gauche : détail du dôme de l'un des pavillons du Louvre, pastiche de style Renaissance, d'époque Napoléon III, dans la cour principale, avant les guichets donnant accès à la rue de Rivoli, dont les cariatides, et autres statues alourdissent les volumes.*

survivra jusqu'à la guerre de 1914.

Colbert fait réaliser les plantations d'arbres sur le remblai des enceintes et des percées se terminant en arcs de triomphe célébrant les conquêtes du règne que... Napoléon réalisera.

## Les Invalides dans la plaine de Grenelle

Au milieu du XVIIe siècle, la plaine de Grenelle est une petite garenne où l'on chasse le lièvre et la caille.

Voilà le cadre de l'hôtel royal des Invalides qui s'élèvera à partir de 1670 pour y loger tous les soldats devenus invalides au service du roi. On le construit entre le faubourg Saint-Germain et le hameau du Gros-Caillou (près du pont de l'Alma actuel). Près de 6 000 invalides peuvent s'y installer en 1706. L'hôtel est de Libéral Bruant et, à partir de 1677, Jules-Hardouin Mansart termine l'église et en construit le dôme. Tout l'hôtel garde son aspect du XVIIe siècle, une partie étant consacrée au Musée de l'Armée.

Le chœur est commun avec celui de l'église du Dôme comme l'autel jusqu'à la construction en 1842 de la crypte située au centre de cette dernière. Les deux sont maintenant séparées par le portique de marbres de différentes couleurs surmonté d'une grande verrière. Cette église dresse dans le ciel de Paris un dôme de 107 mètres de hauteur. Aujourd'hui, les bâtiments parasites ont été dégagés et le jardin de l'Intendant replanté du côté de la place Vauban.

*L'École Militaire (7e) : à l'ouest de l'hôtel des Invalides, Jacques-Ange Gabriel élève, par ordre de Louis XV, un ensemble majestueux, avec une façade donnant sur le Champ-de-Mars, terminé en 1770. Elle comporte un pavillon central à colonnes corinthiennes sur deux étages.*

*Pages précédentes : la façade monumentale des Invalides témoigne de l'importance accordée par Louis XIV à l'hébergement des soldats invalidés à son service. En arrière-plan, l'église du Dôme, qui renferme le tombeau de Napoléon.*

Le tombeau de Napoléon est déposé aux Invalides en 1840, jusqu'à la construction de son monument en 1861 dans la crypte.

### Le Nôtre redessine le jardin des Tuileries

Au Louvre, le Brun aménage la galerie d'Apollon, puis Le Vau et d'Orbay construisent aux Tuileries le pavillon de Marsan, tandis que Le Nôtre remanie le jardin.
Le faubourg Saint-Honoré croît et s'embellit. Louvois fait acheter par le roi l'hôtel de Vendôme et y fait aménager une vaste place à façades octogonales dessinée par Mansart : notre place Vendôme.

### La place des Victoires

Une ville nouvelle naît à partir de 1700, dans ce quartier dont l'actuel boulevard des Italiens. Entre celle-ci et la ville ancienne s'étendent les anciens palais de Richelieu, de Mazarin, enfin de l'autre côté de la rue Vivienne d'aujourd'hui, l'hôtel Colbert avec dépendances et jardins. Après la paix de Nimègue, le maréchal de la Feuillade aménage la place des Victoires. Construite sur les dessins de Mansart, elle est circulaire, en pierres de taille blanches avec, au centre une statue pédestre du roi.

L'eau a toujours été rare à Paris, comme les égouts coulant à ciel ouvert jusqu'au Second Empire. En 1670, deux pompes hydrauliques sont installées au pont Notre-Dame pour élever l'eau de la Seine et alimenter quarante fontaines publiques. L'éclairage des rues s'améliore comme le service des pompes à incendie. Enfin, Louis XIV autorise l'exploitation du carrosse à cinq sols, invention du philosophe Pascal, parcourant Paris en cinq itinéraires. Ce sera l'ancêtre des compagnies d'omnibus.
La vie populaire se concentre toujours autour du Pont-Neuf où se regroupent les bouquinistes, les charlatans, les auteurs vendant leurs livres. Le théâtre est à son apogée. La troupe de Molière s'installe au Palais-Royal, puis rue Mazarine. S'y joint celle du théâtre du Marais qui a créé la plupart des pièces de Corneille. En 1680, elle absorbe aussi celle de l'Hôtel de Bourgogne, jouant toutes les tragédies de Racine depuis *Andromaque*. C'est de cette fusion que naît la troupe des comédiens du roi : notre Comédie-Française actuelle. L'Académie royale de Musique date de 1661, sa première œuvre jouée en public de 1671.
La manufacture des Glaces est établie en 1665, avec des artisans venus de Murano près de Venise. La teinturerie des Gobelins devient, en 1667, manufacture royale des Meubles et Tapisseries de la Couronne.

*La fontaine des Innocents (1er), dans le square du même nom, rappelle le cimetière et l'église des Saints-Innocents, site de la plus importante nécropole parisienne hors les murs, sur la route de Saint-Denis.*

*L'Hôtel de Ville (4e) : brûlé sous la Commune, le palais actuel a été reconstruit et quadruplé, entre 1873 et 1883 dans le style Renaissance, reprenant les plans du Boccador. Les salons donnant sur la Seine offrent un éclairage unique au coucher du soleil*

## La Régence retrouve Paris

Après la mort du roi, le régent Philippe d'Orléans est obligé de s'appuyer sur la bourgeoisie parisienne. C'est l'époque où la ville est ruinée par la banqueroute du système de Law, basé sur l'agiotage. En fait, malgré les nombreuses familles touchées, le retour de la Cour, les nouvelles fortunes et la place prise par les financiers provoquent une série de constructions neuves, aux environs du Louvre et dans les quartiers voisins. Au-delà de la porte Saint-Honoré, Mollet construit un hôtel qui va devenir célèbre. Il appartiendra à Madame de Pompadour, sera habité sous l'Empire, par Murat, par Joséphine, par Napoléon, par Alexandre I^er de Russie, par Washington avant de devenir le palais présidentiel du futur Napoléon III. Il s'agit du Palais de l'Élysée, résidence du Président de la République.

## La place Louis XV

On remanie les jardins du Louvre. Sur la grande esplanade entre le pont tournant des Tuileries et le Cours-la-Reine, Gabriel aménage la place Louis XV, en forme d'octogone, bordé d'un fossé de 20 mètres de large, entouré d'une balustrade de pierres et enjambé de ponts. Aux huit angles, un petit pavillon contient l'escalier permettant de descendre dans ces parterres de fleurs et de verdure. Au centre de la place s'élève la statue du roi commandée à Bouchardon en 1748. Le pont de la Concorde sera achevé en 1790 et les *Chevaux de Marly*, de Coustou, seront placés en 1794.
C'est là que sera érigée la guillotine pendant la Révolution, et où seront exécutés le roi et la reine comme tant d'autres. Louis-Philippe installera en son centre l'obélisque de Louqsor, offert par Méhémet-Ali.
Sur le côté nord de la place, Gabriel construit deux palais jumeaux devenus l'hôtel Crillon et l'Automobile-Club, laissant ouverte la perspective descendant vers la Seine. A l'est de la rue Royale, le Garde-Meuble de la Couronne où Marie-Antoinette s'est fait installer un pied-à-terre, ministère de la Marine depuis 1792. La rue Royale, avec ses maisons de pierre, mène à l'église de la Madeleine, achevée sous Louis-Philippe.

## L'hôtel Royal de l'École Militaire

En 1750, à l'ouest de l'hôtel des Invalides au-delà du bourg du Gros-Caillou, le financier Pâris-Duverney, appuyé par la marquise de Pompadour, efficace égérie des arts, propose à Louis XV la création d'un *Collège Académique* pour 500 jeunes gentilshommes pauvres, destinés à devenir des officiers instruits. Le roi

accepte le projet, Jacques-Ange Gabriel établit les plans sur une vaste échelle. Elle peut ouvrir dès 1760, réorganisée en 1777 pour recevoir aussi l'élite des écoles militaires de province. C'est ainsi qu'y est admis Napoléon Bonaparte, à l'âge de 15 ans. Il la quitte sous-lieutenant d'artillerie.

La façade donne sur le Champs-de-Mars qui a longtemps servi de terrain de manœuvres. C'est ici qu'a eu lieu la première expérience aérostatique du physicien Charles et des frères Robert. De nombreux événements de la Révolution trouvent l'espace nécessaire aux grandes foules.

## Le Panthéon

Lors de sa grave maladie à Metz en 1744, Louis XV fait le vœu de reconstruire la vieille église Sainte-Geneviève, en bien mauvais état. Il prend comme architecte Soufflot. Très attaqué pour son plan, l'architecte meurt en 1780, ayant eu le temps de percer la rue qui porte son nom, flanquée de l'École de Droit avec, en pendant, la mairie du 5e arrondissement. Les

différents régimes qui suivent vont la transformer d'église en nécropole des grands hommes, ce qu'est aujourd'hui le Panthéon.

## Le Palais Bourbon

Construit sous les règnes de Louis XV et de Louis XVI, le Palais-Bourbon se complète de l'Hôtel de Lassay. Son entrée est celle d'aujourd'hui, rue de l'Université, et ses jardins descendent jusqu'à la Seine qu'enjambe, à partir de 1787, le pont Louis XVI construit par l'ingénieur Perronet. Le palais est confisqué par la Révolution qui y installe le Conseil des Cinq Cents, en remaniant la façade pour faire pendant au Temple de la Gloire, la future église de la Madeleine.

## Les jardins sous Louis XVI

L'essor du bâtiment sous Louis XVI est prodigieux : en bénéficient surtout les quartiers du Nord. Les jardins complètent tous les hôtels, ils

*Ci-dessus : le palais du Luxembourg vu du jardin : construit pour Marie de Médicis par Salomon de Brosse. Ses jardins à la française agrémentés de plans d'eau et de fontaines aèrent tout le quartier jusqu'à l'Observatoire. Le palais est aujourd'hui le siège du Sénat.*

*A gauche, en haut : le Panthéon : point culminant de la rive gauche, il a été bâti, sur un vœu de Louis XV après sa grave maladie à Metz, en remplacement de l'église Sainte-Geneviève, sur des jardins appartenant à l'abbaye.*

*A gauche en bas : la rue Mouffetard traverse tout le Quartier Latin. Ancienne voie romaine en direction de l'Italie, puis rue principale du bourg Saint-Médard, elle fait suite à la rue Descartes et aboutit à la place de la Contrescarpe où se réunissaient les poètes de la Pléiade.*

*L'enfilade de la rue de Rivoli dresse ses arcades et ses maisons uniformes de Saint-Germain-l'Auxerrois à la place de la Concorde. Ses entresols en demi-castor et ses immeubles à deux issues lui ont souvent permis de servir de rendez-vous galants.*

*Pages précédentes: la place de la Concorde dessinée pour Louis XV par Gabriel est aujourd'hui surplombée par les terrasses des Tuileries et les musées du Jeu de Paume et de l'Orangerie. Huit pavillons coiffés des statues des grandes villes de France la décorent, ainsi que l'Obélisque de Louqsor et des fontaines monumentales.*

sont « paysagers », à l'anglaise, à l'antique, voire à la chinoise. Nombre d'entre eux deviendront publics sous la Révolution. Celui du Palais-Royal, grand centre des plaisirs et des jeux, sert aussi aux comploteurs contre la Cour. Le duc d'Antin fait replanter le Cours-la-Reine, ainsi que les Champs-Élysées. Au sommet, là où sont enterrées les victimes de la Saint-Barthélémy, il fait aboutir des allées en étoile rayonnante, appelée dès lors place de l'Étoile de Chaillot. Ici sera érigé l'arc de triomphe, déjà prévu sous Louis XIV. Napoléon le commandera, après la victoire d'Austerlitz à l'ouest de la barrière de l'Étoile de l'enceinte des Fermiers Généraux. Il ne sera inauguré qu'en 1836, sous Louis-Philippe, après qu'on ait décidé de graver sur les murs intérieurs non sculptés les noms de généraux et des batailles de l'Empire.

## La Révolution nationalise les biens du clergé

La Révolution, pour combler le déficit constant, nationalise les biens du clergé après avoir, dès

novembre 1789, supprimé les ordres monastiques, apportant ainsi à l'État le huitième de la superficie de Paris, auquel s'ajouteront les biens des émigrés, des condamnés, des Princes, de la Couronne. Bientôt le pouvoir passe aux sections et aux Clubs, de tueries en massacres, notamment dans les églises transformées en prisons. Louis XVI est exécuté le 21 janvier 1793, Marie-Antoinette le 16 octobre de la même année. La Commune l'emporte sur la Convention. Puis vient le 9 Thermidor An II (27 juillet 1794).

## Du Directoire au 18 Brumaire

Après la Terreur, le Directoire. Les nouveaux riches se bousculent dans les théâtres. On danse partout et on joue. La nouveauté : les restaurants. Deux mille dans Paris, ouverts souvent par les cuisiniers des Émigrés qui vont créer la gastronomie française. Les plus luxueux sont au Palais-Royal où s'affichent muscadins et merveilleuses aux costumes extravagants.

La Révolution ayant balayé les corporations

artisanales, et marchandes, on assiste maintenant à l'arrivée dans la capitale de la grande industrie : fabriques de salpêtre, de fusils, de tissus, de bronze, industries de produits chimiques et de colorants établies à Javel par le comte d'Artois. Philippe Lebon en 1799, fait breveter un procédé de fabrication de gaz d'éclairage, Delessert installe une sucrerie de betteraves.

## Le Consulat et l'Empire

Déjà sous le Consulat, Bonaparte négocie un nouveau Concordat rendant les églises et les cloches au culte.

L'Empire est proclamé le 18 mai 1804. Le 2 décembre, Napoléon se couronne empereur en présence du pape Pie VII à Notre-Dame. On restaure l'étiquette militaire, les uniformes rutilants. Les maréchaux donnent des dîners célèbres; Talleyrand, des réceptions suivies de soupers. Une partie de l'aristocratie revient. Les fêtes traditionnelles reprennent auxquelles s'ajoutent les célébrations de victoires. Les rues nouvelles de Rivoli, le long du Manège, et de Castiglione sont à arcades, en pierres blanches, les transversales allant aux grands boulevards actuels. La rue de la Paix absorbe le jardin des Capucines. En fait, l'Empire se préoccupe des marchés, quais, égouts et canaux.

## La Restauration
## et la Monarchie de Juillet

La Restauration continue l'œuvre de l'Empire et lance, à l'instar de Londres, les passages fermés entre deux rues, où s'installent des boutiques. Le plus célèbre est le passage des Panoramas, près de la Bourse. Les théâtres se multiplient autour des grands boulevards actuels. Le canal Saint-Martin date de cette époque ainsi que l'achèvement de la Bourse et le quartier de l'Europe.

Sur le plan artistique, les ventes à la criée se pratiquent dans les salles aménagées à cet effet. En même temps les succès des peintres romantiques amènent le commerce des tableaux modernes, souvent par l'intermédiaire des marchands de couleurs. Les magasins de nouveautés s'ouvrent aussi à la fin de la Restauration, ancêtres des grands magasins. Le chocolatier Debauve et Gallais, ancien fournisseur des Rois de France, rue des Saints-Pères, conserve aujourd'hui sa décoration d'époque.

Les trois jours marquant la Révolution de 1830 qui met au pouvoir Louis-Philippe d'Orléans font ressortir l'impossibilité d'empêcher les émeutes et les barricades. On va donc commencer les grandes percées qui, sous Napoléon III, vont complètement changer l'aspect de la capitale.

*Le palais Bourbon, siège de la Chambre des Députés, s'élève dans l'axe du pont de la Concorde vis-à-vis la Madeleine qui reprend ses colonnes à l'antique, dont la lourdeur peut s'expliquer par le passage des mesures en pouces et toises au système métrique.*

# Le Paris Impérial

## Les plans de l'Empereur

Dans une Europe en plein essor capitaliste, industriel et financier, Paris, au moment du plébiscite du 2 décembre 1852 de Napoléon III, demeure ce lacis inextricable de constructions enchevêtrées, dans un dédale de rues emmêlées. Si les fontaines publiques se sont multipliées, que les porteurs d'eau montent à l'étage, les rues du Vieux Paris n'ont guère changé depuis le Moyen Age, à caniveau central aux odeurs nauséabondes, se déversant dans la Seine. De canalisations, point !

Et en quelques années, par la volonté de l'Empereur, admirablement secondé par son Préfet de la Seine, le baron Haussmann, la capitale va devenir la Ville-Lumière, « Paris reine du monde », un mythe que l'explosion des tableaux impressionnistes, les poèmes de Baudelaire et les photos de Nadar imposeront au monde entier.

L'Empire va vivre une période faste avec une cour rajeunie. Le couple impérial est installé aux Tuileries mais préfère, l'été, le château de Saint-Cloud, proche de la capitale, à l'atmosphère calme et intime. Fontainebleau et Compiègne seront le cadre de séjours champêtres, très appréciés de la société du temps.

Sur le plan parisien, le règne de Louis-Philippe avait déjà vu l'aménagement des grands boulevards. Napoléon III se veut souverain bâtisseur, les grandes percées de la capitale correspondant à un souci stratégique évident.

Auteur de l'*Extinction du Paupérisme*, l'empe-

*Ci-dessus : l'Arc de Triomphe de l'Étoile un soir de 14 juillet, illuminé et éclairé de projecteurs géants pour faire chatoyer les plis de drapeau tricolore sous la voûte.*

*A gauche : l'étonnante perspective en raccourci du Carrousel, des jardins des Tuileries vers l'ouest. L'obélisque de la place de la Concorde se situe en plein centre ainsi que l'Arc de Triomphe de l'Étoile.*

reur travaille à l'amélioration des conditions de vie de la classe ouvrière. Quelque 1 500 architectes et une armée de 60 000 ouvriers vont participer à la modernisation de Paris, lui donnant pratiquement ses dimensions actuelles et le canevas de son expansion future.

## En souvenir des jardins londoniens

Longtemps exilé en Angleterre, le souverain veut doter Paris de parcs à plans d'eau, cascades et constructions. Haussmann s'adjoint Jean-Charles Alphand. Il va créer le Bois de Boulogne. Viendront plus tard celui de Vincennes, les parcs des Buttes-Chaumont, de Montsouris et de Monceau. En même temps, le Préfet débloque la croisée Nord-Sud par le prolongement de la rue de Rivoli en direction de l'Hôtel de Ville. Elle doit rejoindre au niveau du Châtelet, le boulevard de Sébastopol. Si Alphand dessine avec bonheur les paysages de la capitale, l'ingénieur Eugène Belgrand est chargé de l'assainissement de la ville. En effet, le choléra menace toujours. D'où la nécessité d'un système de galeries souterraines pour l'écoulement des eaux.

## Les parapluies de Baltard

Au centre de Paris se dressent les Halles, un problème gigantesque d'approvisionnement et de circulation dans ce quartier populaire. Il va

les raser et le *Ventre de Paris* (Émile Zola) va s'installer sous les « Parapluies » de Baltard. Pour la première fois, ces pavillons seront en fer et fonte, à armature apparente. Lors de leur démolition, en 1969, les musées américains s'y intéresseront beaucoup plus que les parisiens. Un seul des douze subsiste à Nogent-sur-Marne, à quelques kilomètres de la capitale.

Un réseau de travaux commence à la place de l'Étoile, jusqu'au Trocadéro. Le quartier de Chaillot prend sa forme actuelle en 1866, rejoignant le pont de l'Alma, célèbre par son zouave au bas d'un pilier. En effet, à la moindre montée de la Seine, les Parisiens mesurent l'importance de la crue au niveau submergé du vaillant militaire. Lors de la récente reconstruction du pont, son emplacement lui a été conservé à la demande de l'opinion publique.

Plus à l'Ouest, on peut admirer une des plus belles réussites d'Haussmann : l'actuelle avenue Foch. Après avoir remonté les Champs-Élysées, où se dressent de superbes hôtels, jusqu'à l'Arc de Triomphe de l'Étoile, il faut une voie aussi belle pour accéder au Bois de Boulogne restauré. L'artère baptisée à l'origine avenue de l'Impératrice, devient aussitôt le lieu de promenade le plus élégant de la capitale, où les phaétons croisent les calèches, comme le feront plus tard les personnages de Marcel Proust.

Favori de l'empereur, Haussmann participe avec éclat à la vie mondaine de la capitale où se succèdent rois, princes et chefs d'États étrangers, faisant vivre les artisans de tous les corps de métiers.

La haute couture, telle que nous la connaissons, alors à ses débuts avec le couturier anglais Worth, habille l'Impératrice et la Cour de robes

*L'Opéra, en haut de la grande avenue qui porte son nom, brille de tous ses ors, marbres et porphyres dans le style Napoléon III, dû à l'architecte Charles Garnier. Dessiné pendant la période faste du Second Empire, sa scène est immense, permettant les évolutions de 450 figurants.*

décolletées d'une grâce merveilleuse, représentées dans les tableaux et portraits de Winterhalter. En décoration, Eugénie remet à la mode le style Louis XVI, peu à peu alourdi par le capitonnage des fauteuils et canapés de velours, assortis aux lourds rideaux protégeant les nouvelles maisons cossues des courants d'air. Ces tendances diverses se retrouveront lors de l'édification, par Garnier, de l'Opéra.

## L'Exposition Universelle de 1855

1855 voit l'inauguration de l'Exposition Universelle où vingt mille exposants présenteront leurs dernières créations dans le palais de l'Industrie, aux Champs-Élysées. Cinq millions

de visiteurs y afflueront de partout. La reine Victoria arrive par la gare de Strasbourg, future gare de l'Est, nouvellement reconstruite à l'échelle du boulevard la reliant aux Tuileries. Les ponts au Change et Saint-Michel sont élargis pour amorcer l'enfilade d'un boulevard perçant la rive gauche jusqu'à l'avenue de l'Observatoire. Il emprunte son nom à la fontaine de Davioud sur la place Saint-Michel, le futur «Boul'Mich'» au cœur du Quartier Latin. Tout le monde veut visiter les chantiers. Aussi le Préfet organise-t-il de vrais transports en commun à petit prix dans un réseau englobant tous les quartiers; les voitures permettent de sortir du quartier qu'on habite, pour son travail ou ses loisirs. Une véritable révolution! Certaines sont à deux étages, l'impériale

Le pont Alexandre III, dédié à l'empereur lors de la visite à Paris du tsar Nicolas II de Russie, fait partie des monuments fastueux et sur-décorés, typiques de l'époque 1900. D'une seule portée métallique, ses pylônes sont surmontés de renommées et de Pégases dorés.

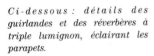

Ci-dessous : détails des guirlandes et des réverbères à triple lumignon, éclairant les parapets.

réservée aux hommes. Leur intrusion dans la vie parisienne donne lieu à des caricatures féroces.

1856 est une année particulièrement heureuse qui voit la naissance du Prince Impérial et la victoire de la guerre de Crimée. Le champ de courses de Longchamp attire les foules élégantes comme la grande cascade du Bois de Boulogne, toute proche. Le nouveau Louvre terminé aura employé trois mille ouvriers.

Sur le plan économique, les démolitions commencent à se faire sentir, les loyers augmentent avec les constructions nouvelles obligeant les artisans et les ouvriers à se reloger au loin, voire en banlieue.

## Paris se double

Les gigantesques travaux entrepris aux quatre coins de la ville lui font annexer alors les communes limitrophes. La superficie de Paris se double, passant à 7 802 hectares, et sa population à près d'un million sept cent mille habitants, répartis en vingt arrondissements.

Napoléon III inaugure le boulevard Malesherbes où s'élèvera l'église Saint-Augustin, réalisée par Baltard en fer et en fonte. Cette percée s'ouvre vers la plaine Monceau et son parc. Les grilles dorées qui en réservent l'accès aux somptueux hôtels riverains sont un des plus beaux exemples de la ferronnerie de l'époque. 1862 est l'année des grands théâtres : pose de la première pierre de l'Opéra, achèvement du Châtelet — le Théâtre Musical de Paris d'aujourd'hui —, façade neuve pour la Comédie-Française. Les spectacles jouent, en effet, un rôle très important, que ponctuent les refrains impertinents des opérettes d'Offenbach.

Mais assurément le plus vaste chantier est celui de la Cité, dans un quartier populaire grouillant de vie. De Notre-Dame à la place Dauphine, tout y sera rasé, créant un désert autour du parvis. La cathédrale sera restaurée par Viollet-le-Duc dans un style gothique remis à la mode par Victor Hugo.

Rive gauche, le boulevard Saint-Germain s'étend de la chambre des Députés à la Halle aux Vins. Le percement de la rue Monge permet la découverte des Arènes de Lutèce et d'autres vestiges gallo-romains. Le boulevard Raspail est tracé vers la barrière d'Enfer où (place Denfert-Rochereau) subsistent encore les pavillons d'octroi de Ledoux et l'entrée des catacombes. La rue de Rennes relie la gare Montparnasse à Saint-Germain-des-Prés.

Les grands magasins se multiplient. Déjà sous la Restauration, les *Trois Quartiers* se consacrent aux nouveautés. Le premier, le *Bon Marché*, entre l'actuelle rue de Sèvres et la rue de Babylone, avec le créateur Aristide Boucicaut, a tout inventé dans son domaine de la distribution. *Le Printemps* précède le *Louvre* et le *Bazar de l'Hôtel-de-Ville*, rue de Rivoli, suivis de la *Samaritaine* non loin de la *Belle-Jardinière*, vitrines pour les dernières nouveautés parisiennes que les innombrables visiteurs de l'Exposition de 1867 rapporteront dans leurs malles. Les *Galeries Lafayette* apparaîtront plus tard.

## La photographie : un œil neuf

Inventée par Niepce et Daguerre, la photographie déchaîne une frénésie, du jour au lendemain. Nadar, le plus célèbre photographe du milieu du XIXe siècle, aéronaute, journaliste et caricaturiste va développer cet art avec audace. Au cours d'une ascension en ballon, il prend la première photo aérienne de Paris sous l'Empire comme il utilisera la lumière artificielle dans les catacombes et les égouts de la capitale. Les perspectives de la ville vont se retrouver en cartes postales, aujourd'hui rarissimes objets de collections.

## La Commune et la Troisième République

L'Exposition Universelle parvient à masquer, sous les feux d'artifice, les troubles à venir : la guerre avec la Prusse, la chute de l'Empire, la reprise des hostilités avec le gouvernement de Défense Nationale qui impose à Paris affamé les rigueurs d'un siège au cours d'un hiver

terrible. A la capitulation succède la Commune
dont la volonté destructrice va s'abattre sur la
capitale, avec l'incendie de l'Hôtel de Ville, des
Tuileries, de rues entières, le déboulonnage de
la colonne de la place Vendôme, avant l'atroce
répression des Versaillais. Reprenant un projet
antérieur à la Guerre de 1870-1871, l'Assem-
blée Nationale vote la construction d'une église
sur la colline de Montmartre, par souscription.
Les conceptions gothiques font place à une
basilique « romano-byzantine » à coupoles dans
le ciel parisien, avec ses pierres blanches,
d'extraction locale. La Butte, friable et remplie
de cavités, exige des fondations de 38 mètres, en
83 puits de maçonneries reliés par des arcs de
soutènement.

L'Hôtel de Ville est reconstruit en style Renaissance, aux dimensions quadruplées.

La ville qui a grandi trop vite mettra du temps
à assimiler les grandes percées, les immeubles

bourgeois cossus aux styles disparates que seul
le temps couvrira d'une même patine.

Sous la Troisième République, les Expositions
Universelles marqueront le paysage de la
capitale. Le Trocadéro de Davioud coiffe la
colline de Chaillot en 1878. Le parc Montsouris
s'ouvre dans le nouveau quartier de la rue de
Tolbiac aux environs de la Porte d'Italie.
L'Opéra, monument Napoléon III s'il en est,
ruisselle sous les dorures et les couleurs de
marbres et porphyres différents. On construit,
quai d'Orsay, le nouveau ministère des Affaires
étrangères.

## La Tour Eiffel

Clou de l'Exposition de 1889, la Tour Eiffel
reste un des trois monuments les plus visités de
Paris avec Notre-Dame et le centre Beaubourg,
offrant une vue de 90 km à la ronde, par temps
clair. Seule aujourd'hui la réduit la Tour
Montparnasse. Élevée en deux ans par l'ingénieur Gustave Eiffel, elle comporte 12 000
pièces métalliques, reliées par 2 500 000 rivets.
Aux quatre sabots, des appuis de maçonnerie
soutiennent ses sept mille tonnes. Elle
comporte trois plates-formes, la dernière surmontée d'un pavillon à campanile. On y monte
par un ascenseur ou des escaliers.

## 1900 : le *Modern Style* et le métro

L'Exposition de 1900 attire 5 859 955 visiteurs,
record non battu. On ouvre six ans d'avance un

concours d'architectes pour deux bâtiments perpendiculaires à la Seine : les Grand et Petit Palais. Lors de la visite du tsar Nicolas II, on dédie à l'empereur Alexandre III, son père, le pont de fonte d'une seule volée en face des Invalides. D'emblée, les proportions du Petit Palais trouvent grâce devant les critiques.

Le chemin de fer électrique métropolitain s'ajoute en 1900 aux tramways électriques sillonnant la capitale. La première rame circule de la porte Maillot à la porte de Vincennes, à l'occasion de l'Exposition. Les escaliers des stations s'encadrent de rampes et de lampadaires en fonte d'une décoration florale exubérante que les irrespectueux auront tôt fait de qualifier de « style nouille ». Ces succédanés des *Nymphéas* de Monet fleurissent aussi comme les iris sur les dalles de céramique recouvrant les murs des couloirs et des quais. Les entrées rescapées du marteau piqueur de la modernisation, figurent en place honorable dans les musées, notamment dans le jardin du Museum of Modern Art de New York. Mais le Modern Style reste vigoureux. Ainsi, le restaurant Maxim's, récemment repris par le couturier Pierre Cardin, voit-il des succursales se multiplier dans le monde, meublées et équipées au sigle de la maison de la rue Royale.

Manet et Degas se sont particulièrement attachés à montrer dans leurs peintures et dessins tous les aspects de la vie parisienne, de l'Opéra aux Folies Bergère, tandis que Toulouse-Lautrec dépeint sans fard la « vie de plaisir » (aujourd'hui au Musée du Jeu de Paume et à l'Orangerie). La Troisième République continue, très modestement, l'œuvre d'Haussmann. Les hauts lieux de la mode restent les mêmes : Longchamp, le Bois et les cafés gardent tous leurs charmes pour les boulevardiers enthousiastes. Les premières bicyclettes apparaissent sous le Second Empire, bientôt passe-temps favori de la haute société. Déjà les femmes s'y mettent, sur recommandation médicale, même en crinoline. Après 1870, celle-ci disparaît en faveur de la tournure avant que le couturier Paul Poiret ne libère, à la veille de la Grande Guerre, la femme du corset.

## La Grande Guerre

Paris doit sa sauvegarde, en 1914, au général Gallieni qui réquisitionne tous les taxis de la capitale pour amener les renforts de la bataille de la Marne, à Nanteuil-le-Haudouin. En 1917, la révolution russe changera la face du monde, suivie de celles de l'Autriche et de l'Allemagne. L'Armistice sera signé le 11 novembre 1918. Les États-Unis interviendront en Europe et participeront à l'élaboration du traité de Versailles que le Sénat américain refusera de ratifier.

*Ci-dessous : passerelle sur le canal Saint-Martin qui, avec ceux de Saint-Denis et de l'Ourcq, baignent le nord et l'est de la capitale. Leurs berges sablées, anciens chemins de halage, forment des pistes cyclables, agréablement ombragées, offrant toute sécurité.*

# Paris d'aujourd'hui

## Un nouveau monde

Le monde de 1918 n'a plus rien à voir avec l'époque qui le précède. En effet, on peut dire que le Second Empire se termine par la Belle Époque, le XIXe siècle au début de la guerre. Toutes les conditions d'existence ont changé et ce pour toujours. L'absence des hommes au front a amené les femmes à les remplacer, leur donnant ainsi une assurance voire une maîtrise d'elles-mêmes. On peut déceler la fin de la femme objet en faveur de la femme aux affaires. Chanel prend la relève de Poiret.

La France de l'après-guerre panse ses plaies, Paris se remet à vivre. Les Ballets russes qui avaient électrisé la scène et la ville au théâtre des Champs-Élysées, avenue Montaigne, construit par Perret avec une sobriété parfaite entre 1911 et 1913, exercent la séduction du charme slave, influençant tout ce qui l'entoure.

Montparnasse relève Montmartre en tant que foyer intellectuel, dont le lieu de rencontre le plus célèbre reste le café de la Coupole.

En architecture, la réaction au « style nouille » fait de Mallet-Stevens le créateur de l'architecture fonctionnelle, avec ses maisons aux armatures métalliques, à grandes baies vitrées qu'on peut voir aujourd'hui dans la rue qui porte son nom. Le Corbusier lance aussi, à cette époque, ses premières maisons sur pilotis, couvertes en terrasse. On lui doit le pavillon suisse de la Cité Universitaire, derrière le parc Montsouris, destinée à accueillir les étudiants du monde

*Ci-dessus : Saint-Eustache, encadrée d'une grue métallique orange, juchée comme un héron dans le trou des halles attendant une affectation au cœur de Paris. L'église, considérée une des plus belles de la capitale, doit son opulence à ces mêmes halles, ici depuis le XIIe siècle.*

*A gauche : le Forum des Halles s'enfonce en terre sur trois niveaux. Ses verrières et sa terrasse éclairent un nombre important de boutiques, restaurants, et croissanteries, Au centre, au-dessus, l'étroite maison à trois fenêtres témoigne du passé de ce quartier populaire.*

entier. Grâce au développement de la radio et un peu plus tard du cinéma, les idées nouvelles vont se propager très rapidement dans les domaines artistiques et culturels. En même temps, la voiture commence une ascension qui l'amènera à supplanter le chemin de fer après la Deuxième Guerre mondiale. La mode et la décoration grâce à la multiplication des revues féminines, vont connaître l'essor qui en permettra la démocratisation.

## Les « Arts Décos »

Création française s'il en est, le cinéma des frères Lumière a vu ses premières représentations au « Salon Indien » du Grand Café que rappelle une plaque, 14, boulevard des Capucines. Les premiers films parlants conquièrent la capitale à partir de 1927, avec *Le Chanteur de jazz*.

Sur le plan artistique et littéraire, les années vingt foisonnent. Le théâtre constitue un aimant puissant de la vie parisienne avec les créations de Sacha Guitry, Gaston Baty, Jacques Copeau, Louis Jouvet, Charles Dullin, Georges et Ludmilla Pitoëff. On s'arrache les livres de Charles Maurras, François Mauriac, Paul Morand, André Maurois, Jean Giraudoux et Jules Romains. Sur le plan musical, les saxophones et les clarinettes du jazz de la Nouvelle-Orléans résonnent en ondes de choc endiablées.

Toutes ces idées vont exploser lors de l'exposition des Arts Décoratifs, qualifiée par Le

Corbusier de « Marathon international des Arts de la maison », regroupant artistes, industriels, architectes, artisans de la construction, du papier, des tissus, des céramiques. On assiste au triomphe du noir et de l'orange brûlé en décoration et en meubles, aux formes géométriques, laquées pour refléter la lumière. Cette ambiance d'une simplicité raffinée demande des femmes qui le soient autant. Le « Charleston » et le « Black Bottom », danses athlétiques, doivent entraîner le mouvement, d'où la vogue des robes écourtées sans taille, des cheveux courts et des cloches enfoncées jusqu'au sourcils. Chanel encore, qui va dominer la mode pendant près d'un demi-siècle. Les beaux immeubles de l'avenue Matignon, de l'avenue Montaigne et de l'Ouest résidentiel témoignent de la floraison géométrique des balcons, des façades et des entrées à halls monumentaux.

La voiture séduit vite les femmes qui prennent le volant après avoir participé aux concours d'élégance automobile. Une quarantaine de marques rivalisent entre les deux guerres, sans compter les carrossiers. Citroën éclaire la Tour

Eiffel, transformée en enseigne lumineuse. Renault le suit dans les petites cylindrées, tout en gardant ses célèbres taxis G 7, rouges et noirs.

En 1931, l'Exposition Coloniale à la porte de Vincennes apporte à la capitale le futur musée des Arts Africains et Océaniens ainsi qu'une connaissance des arts des cinq continents. Les soieries imprimées sont signées Raoul Dufy. Les ourlets rallongent, sous l'influence de Jean Patou tandis que Jeanne Lanvin reprend les robes drapées.

## L'Exposition de 1937

L'Exposition Internationale des Arts et Techniques de 1937 prend tout le front de Seine, du Palais de Chaillot sur le site aplani du Trocadéro à l'École militaire. Sur le haut de la colline se dresse une esplanade gigantesque d'où se tirent les feux d'artifice, flanquée de deux palais en demi-lune, à escaliers monumentaux encadrant de superbes jets d'eau et de lumière descendant vers la Seine, complétés de jardins peignés. En direction de Passy, le musée

de la Marine et le Musée de l'Homme, de l'autre côté, celui des monuments Français, du Cinéma, puis en descendant vers la place de l'Alma, les Musées d'Art Moderne. Les Parisiens se pressent devant les premiers postes de télévision.

## La Guerre de 1939-1945

Déclarée ville ouverte, Paris est occupé par les Allemands en juin 1940. Vichy devient la capitale politique. Paris va connaître une période de dures restrictions, de rafles et d'arrestations. La bicyclette devient le mode de transport courant, le triporteur remplaçant le taxi. Août 1944 voit la Libération et l'entrée de la division Leclerc, des troupes américaines et du général de Gaulle dans l'allégresse populaire. La capitulation allemande est signée le 8 mai 1945.

## La voiture mange Paris

Du fait de la guerre, la plupart des ponts routiers et ferroviaires sont coupés aux abords de la capitale : il faut les reconstruire au plus vite, en partie grâce à l'aide du Plan Marshall. La population se développe, et commence dans la capitale la construction d'immeubles neufs suivi du développement des banlieues résidentielles, voire de villes entières aux lignes géométriques comme posées sur les plaines à blé, notamment au Nord et à l'Ouest.

La haute couture renaît après les restrictions. Le New Look de Christian Dior fait le tour du monde en 1947, entouré de jeunes maisons : Pierre Balmain, Jacques Fath, Balenciaga, puis Givenchy. Pendant les années soixante, Yves Saint-Laurent, André Courrèges, et Philippe Venet créeront aussi un renouvellement de la mode par le prêt-à-porter auquel s'ajoutent les créations de la mode masculine et les parfums.

## Le Périphérique

Renault sort sa 4 CV en 1947, suivi par Citroën avec sa 2 CV, utilitaire mais décapotable. Le crédit et l'amélioration du niveau de vie vont rendre la voiture accessible à tous, ce qui amènera de gigantesques embouteillages à la

*La Tour Maine-Montparnasse se dresse dans le ciel de la rive gauche. Elle comprend un important centre commercial, un complexe sportif, une dalle de passage servant de patinoire à roulettes informelle et des jardins la reliant à la gare Montparnasse.*

*Le parc des Buttes-Chaumont faisait partie du village de la Villette annexé par Paris en 1860. Sur la route d'Allemagne, planté de champs de blé et de vignobles, ce village a vu passer les berlines de la fuite à Varennes de Louis XVI et de sa famille et leur retour.*

*La Maison de la Radio, rive droite, s'étend le long de l'avenue du Président-Kennedy en un immeuble circulaire blanc, à tour blanche. Au fond, le village d'Auteuil, déjà connu avant la conquête romaine. Boileau y a vécu, Molière y a peut-être été enterré.*

sortie des bureaux. On rogne d'abord les trottoirs en abattant les arbres, poumons verts, qui faisaient le charme de la ville. Pour décongestionner Paris, le boulevard périphérique est commencé en 1957, l'entourant de 35 km ne comportant aucun feu rouge et évitant ainsi les 70 carrefours sur les boulevards dits des maréchaux. Les échangeurs les plus spectaculaires sont ceux de la porte de la Chapelle vers le Bourget, de Bagnolet reliant à la capitale l'aéroport Charles de Gaulle par une bretelle, et de Bercy vers l'Est. Tout un jeu d'ouvrages d'art cherche à limiter les énormes bouchons du Sud et de l'Ouest. Un pont à haubans, seul de son genre dans la capitale, enjambe les voies de la gare d'Austerlitz.

### La Défense

D'abord timide dans ses proportions pour protéger le Vieux-Paris, la construction d'après-guerre prend des formes variées. Ainsi exige-t-on du très bel ensemble de l'UNESCO qu'il ne dépare pas les proportions de l'École Militaire (7e). A l'Ouest, de vastes terrains étaient encore libres dans l'axe des Champs-Élysées et de la porte Maillot où va s'élever le quartier de la Défense, que le métro RER (réseau express régional) relie, sous la Seine, à Saint-Germain-en-Laye, à partir de 1970. Le palais des Expositions du Centre National des Industries

et Techniques en béton, acier et verre couvre 90 000 m$^2$ en triangle à voûtes reposant seulement sur trois points d'appui. Les tours qui ont suivi, véritable ville de bureaux, se dressent dans la perspective de l'Étoile, sorte de Manhattan, autour d'une dalle gigantesque et de fontaines. Un centre commercial à sa mesure occupe certains sous-sols.

### La Maison de la Radio

La Maison de la Radio que les irrévérencieux ont tôt fait d'appeler « Palais Gruyère » se dresse sur le quai Kennedy (16e) près du pont Mirabeau. Sa forme est effectivement celle d'un fromage, agrémenté d'une tour blanche. En face, le front de Seine récupère des terres industrielles (15e). Il comprend seize tours sur pilotis, à triple niveaux de circulation automobile et piétonne.

### La Tour Maine-Montparnasse

L'opération Maine-Montparnasse fait partie d'un vaste plan d'urbanisme comprenant la gare et ses dépendances pour apporter à la rive gauche un pôle susceptible d'équilibrer le quartier de la Défense. La Tour offre 56 étages de bureaux, coiffés de restaurants panorami-

*Le lac du bois de Boulogne où se pressent les embarcations estivales est une création d'Haussmann. Les jardins de Bagatelle sont célèbres pour leurs massifs de roses en juin.*

ques, avec d'autres immeubles à la verticale, parvis, jardinets et centres commerciaux. Le hall de la nouvelle gare est décoré de grandes compositions de Vasarely.

## Le Centre Beaubourg

Le Centre National d'Art et de Culture Georges Pompidou dresse ses verrières et ses tuyaux géants de couleurs primaires dans le quartier de Beaubourg donnant une nouvelle jeunesse à ce site du Moyen Age. Il s'agit, en effet, d'une rénovation, les boutiques de mode et les galeries d'art venant naturellement prolonger le Centre. Au départ, une conception moderne de muséographie. Il ne s'agit plus de conserver les œuvres d'art mais de les animer afin d'intéresser un grand public jeune aux créations de notre époque. Cette recherche de diffusion lui a permis, dès l'année de son ouverture en 1977, de rejoindre la Tour Eiffel et Notre-Dame parmi les trois monuments les plus visités avec six millions d'entrées.
Né d'une idée du président de la République Georges Pompidou, sa construction a été entreprise à partir de 1972, entre la rue du Renard et la rue Rambuteau. Il occupe 103 000 m², sur 166 m de long et 60 de large, s'élevant à 42 m de hauteur, offrant du haut de ses escaliers roulants une extraordinaire vue sur Paris. Réunissant en un même lieu les divers élé-

ments de la culture moderne, il cherche à rompre l'isolement traditionnel des formes d'expression dans les musées. L'entrée est, en partie, gratuite comme la bibliothèque. Les escalators s'offrent comme des promenades architecturales, les gaines de circulation technique paraissant des décors accrochés à des praticables. Les poutres de la superstructure s'appuient sur deux nappes verticales. Sont répartis sur cinq niveaux, le Musée national d'Art moderne, le Centre de Création industrielle aux expositions très courues, la Bibliothèque publique d'Information, se complétant par l'Institut de Recherche et de Coordination Acoustique/Musique, ainsi qu'un cabinet d'art graphique et une cinémathèque, annexe de celle du palais de Chaillot. Devant ce vaisseau, un grand parvis en cuvette et des voies piétonnes en dégagent les accès.

## Le trou des Halles

Au pied de Saint-Eustache, les Halles au même emplacement depuis toujours, ont été fermées et transférées à Rungis, près d'Orly, en 1969. A la place des pavillons de Baltard, on a creusé un trou immense, à remplir par diverses opérations d'urbanisme qui n'ont pas encore été réalisées. Sur le pourtour de la rue Pierre-Lescot, le RER rejoint le réseau du métro au-dessus duquel a été construit le Forum des

*Vue du Parc des Princes : le haut lieu du rugby et du football de la capitale.*

*A droite : une des plus grandes attractions de Paris : les escaliers roulants et les galeries extérieures du Centre Beaubourg dont les entrées se multiplient grâce à la gratuité des principaux accès aux nombreuses manifestations.*

Halles, avec des boutiques, cinémas et parkings, sur trois niveaux autour d'une petite terrasse. Mais dès le transfert à Rungis, les locaux des commissionnaires, les mûrisseries de bananes et autres entrepôts se sont, peu à peu, remplis de boutiques de mode, non-conformistes et peu onéreuses. Les marchands de meubles et la brocante ont suivi.

### Les sports parisiens

Plusieurs quartiers périphériques de Paris se partagent le domaine des sports. Le Parc des Princes, à la porte de Saint-Cloud rassemble les grandes foules du football et du rugby. Le pape Jean-Paul II y a dit la messe pour 60 000 jeunes. Récemment ouvert le stade omni-sports de Bercy, à l'Est, ne contient que 17 000 places. Le tennis se situe à Roland-Garros, près de la porte d'Auteuil, avec des courts rénovés, attirant un public à la mesure de ses deux millions de pratiquants français. Les hippodromes se partagent des sites merveilleux : le plat à Longchamp, les courses d'obstacles à Auteuil et le trot à Vincennes. Le prix de l'Arc-de-Triomphe, en octobre, attire nombre de Britanniques qui restent y dépenser leurs gains. La piscine Molitor, non loin de Roland-Garros, se transforme, l'hiver en patinoire. Les « joggers » pratiquent leur sport favori, dès l'ouverture des parcs de la capitale ainsi que dans les bois qui l'entourent. Le marathon de Paris se court au printemps et le cross du journal *Le Figaro*, après la chute des feuilles, au Bois de Boulogne. En cours d'aménagement, le musée du XIXe siècle occupe, sur la Seine, l'ensemble de l'hôtel et de la gare d'Orsay, tandis que les anciens abattoirs de la Villette se transforment en musée des Sciences et Techniques et le Pavillon de Marsan du musée des Arts décoratifs, en centre de la mode.

# Index

Académie française 45
Alexandre-III (pont) 65, 69
Alma (place de l') 19, 74
Alma (pont de l') 18, 38, 63
Alphand (Jean-Charles) 61
Anne d'Autriche 43, 44, 46, 47
Arc de Triomphe de l'Étoile 10, 13, 58, 61, 63
Arc de Triomphe du Carrousel 61
Archevêques de Sens (Hôtel des) 39, 45
Arts (pont des) 39
Arts Décos 71, 72
Austerlitz (pont d') 22

Bagatelle (jardins de) 77
Baltard 61
Baltard (pavillons) 61, 63, 77
Bastille (la) 21, 34, 37
Beaubourg (Centre) 68, 77, 79
Belgrand 61
Bibliothèque nationale 34, 47
Boulogne (Bois de) 11, 18, 44, 61, 63, 65, 69, 77
Bouquinistes 31, 52
Bourbon (Palais) 55, 59
Bourget (aéroport du) 23, 76
Bourse (la) 59
Buttes-Chaumont (parc des) 11, 61, 74

Cardinal (Palais) 45
Carnavalet (hôtel) 45
Catacombes 67
Cent Ans (guerre de) 21, 34, 37, 39
Cité (îles de la) 9, 11, 18, 20, 21, 25, 26, 27, 28, 31, 34, 43
Cité Universitaire 71
Chaillot (Palais de) 7, 13, 21, 58, 73, 77
     (quartier) 18, 63
     (village) 47
Chambre des Députés 18, 59, 67
Champ-de-Mars 52, 55
Champs-Élysées 10, 13, 23, 47, 58, 63, 64, 71, 76
Charles V 21, 31, 34, 37, 45
Charles-de-Gaulle (aéroport) 15, 23, 76
Châtelet 44, 61, 65
     (petit) 34
Cluny (Abbaye de) 25, 27
     (musée de) 9, 27
Comédie-Française 52, 65
Commune (la) 11, 53, 68
C.N.I.T. (palais du) 11, 13
Colbert 49
     (hôtel) 52
Collège de France 43
Collège Royal 43
Conciergerie (la) 30, 31
Concorde (place de la) 58, 61
     (pont de la) 15, 18, 54, 59
Consulat (le) 59
« Coupole » (la) 70
Cygnes (île des) 18, 20

Dauphine (place) 18, 38, 65
Davioud 64, 68
Défense (place de la) 10
     (quartier de la) 11, 13, 22, 76
Directoire (le) 58

École Militaire (l') 52, 54, 73
Eiffel (Gustave) 67
Eiffel (Tour) 67, 68, 73, 77
Élysée (Palais de l') 54
Empire (l') 58, 59
Étoile (place de l') 58, 63, 76

Exposition de 1937 13, 73
Exposition universelle de 1855 13, 64, 67

Figuier (rue du) 39, 45
Foch (avenue) 63
Forney (bibliothèque) 39, 45
Fossés-Saint-Bernard (rue des) 11
Foyatier (rue) 68
François Ier 10, 37, 39, 43
Fronde (la) 46, 47

Gabriel (Jacques-Ange) 52, 54, 55, 58
Galande (rue) 9
Gare d'Austerlitz 19, 76
Gare de l'Est 22, 64
Gare de Lyon 22
Gare du Nord 23
Gare Montparnasse 67, 74
Gare Saint-Lazare 22
Garnier (Charles) 64
Grand Pont 18, 28
Grande Ceinture 22
Grands-Augustins (quai des) 15
Grands Magasins (les) 19, 33, 67
Gobelins (teinturerie des) 52
Grenelle (pont de) 20
Grève (place de) 28, 45
Guerre (la Grande) 69
Guerre de 1939-1945 13, 74

Halles (trou des) 33, 61, 71, 76
Halles au vin 67
Haussmann (Baron) 10, 21, 23, 61, 63, 69, 77
Haute couture 63, 69, 72, 74
Haute joaillerie 63
Henri IV 11, 38, 43, 44, 45, 68
     (quai) 18
Horloge (tour de l') 31
Hôtel de Ville 37, 45, 53, 61, 68
Hôtel-Dieu 25, 28
Hugo (Victor) 9, 27, 43, 65

Ile-de-France 15, 19, 23, 31
     (square de) 18
Innocents (fontaine et square des) 53
Institut 33, 39, 47
Invalides (Hôtel des) 49, 52, 54, 68
     (pont des) 18

Italiens (boulevard des) 52

Javel (quai de) 22
Jeanne d'Arc 37
Jeu de Paume (musée du) 58, 69
Justice (Palais de) 30, 38

Lassay (Hôtel de) 18, 55
Le Brun 52
Le Corbusier 71, 72
Le Nôtre 52
Le Vau 45, 47, 49, 52
Liberté (statue de la) 20
Lindbergh (Charles) 23
« Lipp » (brasserie) 33
Longchamp (champ de courses de) 65, 69
Louis XIII 18, 21, 43, 44, 45, 46
Louis XIV 18, 47, 48, 49, 52, 58
Louis XV 10, 52, 54, 58
     (place) 54
Louis XVI 18, 55, 58, 74
     (pont) 55
     (style) 64
Louis-Philippe 10, 54, 58, 59, 61
Lutèce 9, 15, 18, 19, 20, 21, 28, 67
Louvois 52

Louvre (Palais du) 9, 10, 13, 18, 21, 27, 33, 34, 43, 44, 45, 46, 49, 52, 54, 65
     (quai du) 39

Madeleine (la) 21, 54, 55, 59
Magenta (boulevard) 23
Malesherbes (boulevard) 65
Mansart (J. H.) 49, 52
Marais (quartier du) 33, 38, 43, 45
Marie (pont) 45
Marie-Antoinette 30, 54, 58
Maxim's (restaurant) 69
Mazarin (Cardinal) 39, 46, 47, 52
Mazarine (bibliothèque) 47
Médicis (Catherine de) 10, 38
Médicis (Marie de) 45, 47, 55
Ménilmontant 18, 19
Mirabeau (pont) 9
Modern Style 67, 69
Molière 52, 76
Monceau (parc) 61, 63, 65
Monarchie de Juillet (la) 59
Monsieur-le-Prince (rue) 26
Montmartre 11, 18, 20, 21, 25, 27, 68, 71
Montparnasse (tour) 13, 32, 68, 71, 74, 76
Montsouris (parc) 11, 61, 68, 71
Moyen Age (le) 25, 39, 61
Mouffetard (rue) 34, 35

Napoléon Ier 49, 52, 54, 55, 58, 59, 63
Napoléon III 10, 21, 23, 25, 44, 49, 54, 58, 59, 61, 63, 65, 68
Nesle (tour de) 47
Neuilly 13
Notre-Dame 9, 11, 15, 18, 20, 25, 26, 27, 28, 65, 68, 77
     (île) 45
     (pont) 28, 43, 52

Obélisque (l') 54, 58
Observatoire (l') 55
Offenbach 65
Opéra (l') 11, 18, 21, 64, 65, 68, 69
Orangerie (musée de l') 58, 69
Orfèvres (quai des) 18
Orly (aéroport d') 23
Orsay (quai d') 18, 68
Ourcq (canal de l') 69

Paix (rue de la) 59, 63
Palais (Grand et Petit) 69
Palais-Royal 46, 52, 58, 59
Palais-Royal médiéval 27, 30, 31
Panthéon 21, 30, 55
Parc des Princes 78
Petit Pont 9, 18, 25, 26, 28, 44
Philippe Auguste 9, 21, 28, 30, 34
Philippe le Bel 31, 33
Photographie (la) 67
Plantes (Jardin des) 11, 45
Pompadour (Madame de) 54
Pont-au-Change 28, 64
Pont Neuf 11, 28, 44, 52
Pyramides (place des) 37

Quartier Latin 25, 28, 33, 55, 64
Quatre-Nations (Collège des) 39

Radio (Maison de la) 76
Raspail (Boulevard) 65
Régence (la) 54
Renaissance (style) 49, 53
Rennes (rue de) 32, 65
Restauration (la) 59

Révolution (la) 21, 44, 47, 54, 55, 58, 59
Richelieu 34, 45, 46, 52
Rivoli (rue de) 28, 49, 58, 59, 61
Roissy en France 15, 23
Royale (place) 43, 44
     (rue) 54, 69
Rungis 20, 77, 78

Sacré-Cœur 11, 68
Saint-Augustin (église) 65
Saint-Antoine (quartier de) 34, 37
Saint-Denis (canal) 69
Sainte-Chapelle 30, 38
Saint-Eustache 33, 71
Sainte-Geneviève (montagne) 18, 19, 21, 30
Saint-Germain-des-Prés 22, 25, 26, 33, 67
     (abbaye) 28
     (boulevard) 67
     (palais abbatial) 44
Saint-Germain-l'Auxerrois 38, 44, 58
Saint-Honoré (faubourg) 52
Saint-Jacques (rue) 20, 39
     (tour) 28
Saint-Jacques-de-la-Boucherie (église) 28
Saint-Julien-le-Pauvre (église) 9, 28
Saint-Louis 30
     (île) 18, 45
Saint-Martin (canal) 22, 59, 69
Saint-Médard (église) 34
Saint-Michel (boulevard) 26
     (place) 15, 64
     (pont) 9, 34, 64
Saint-Paul (quartier) 21, 34, 37
Saint-Sulpice (église) 33
Salpêtrière (la) 26
Santos-Dumont 23
Sénat 55
Sorbon (Robert de) 30, 34
Sorbonne (la) 21, 30, 34, 39
Soufflot (rue) 55
Sports parisiens 78
Sully (Hôtel de) 45
     (Maurice de) 28
     (pont de) 45

Terreur (la) 30, 58
Templiers (les) 33
Tournelles (maisons royales des) 38
     (sites des) 21, 37, 43, 44
Transports et communications 22, 23, 55, 68, 69, 71, 72, 73, 74, 75, 76
Trocadéro (place du) 63, 68, 73
Troisième République (la) 67
Tuileries 44, 52, 54, 64, 68
     (jardins et terrasses) 6, 58
     (Palais des) 10, 61

Université 27, 28
     (fondation de l') 30

Vendôme (place) 10, 52, 63, 68
Versailles 49
Vert-Galant (pointe du) 11
Victoires (place des) 10, 49, 52
Villette (bassin de la) 22
     (village de la) 74
Villon (François) 30, 33
Vincennes 34, 39
     (bois de) 30, 61
     (château de) 37
Viollet-le-Duc 11, 25, 26, 65
Vosges (place des) 43, 44

---

## REMERCIEMENTS

Pour leur aide précieuse ou leur aimable collaboration, nous tenons à remercier tout spécialement : Mlle Brigitte Lecourbe et M. Michel Sineux, du Service Audiovisuel de la Ville de Paris; Mlle Anne Voisin et M. Grenier, de la Préfecture de Région de l'Ile-de-France. L'auteur remercie également Mme Renée Plouin et MM. André Chastel, René Héron de Villefosse, Jacques Hillairet, Pierre Ordioni et Pierre-André Touttain dont les travaux sur Paris ou les conseils lui ont été d'une grande utilité.